BEI GRIN MACHT SICH IHR
WISSEN BEZAHLT

- Wir veröffentlichen Ihre Hausarbeit,
  Bachelor- und Masterarbeit

- Ihr eigenes eBook und Buch -
  weltweit in allen wichtigen Shops

- Verdienen Sie an jedem Verkauf

Jetzt bei www.GRIN.com hochladen
und kostenlos publizieren

Lars Häuser

Realisierung von verzögerungsfreien Mehrbenutzer-Webapplikationen auf Basis von HTML5 WebSockets

GRIN Verlag

Bibliografische Information der Deutschen Nationalbibliothek:

Die Deutsche Bibliothek verzeichnet diese Publikation in der Deutschen National-
bibliografie; detaillierte bibliografische Daten sind im Internet über http://dnb.d-
nb.de/ abrufbar.

Impressum:

Copyright © 2011 GRIN Verlag GmbH
Druck und Bindung: Books on Demand GmbH, Norderstedt Germany
ISBN: 978-3-656-93350-2

Dieses Buch bei GRIN:

http://www.grin.com/de/e-book/295217/realisierung-von-verzoegerungsfreien-
mehrbenutzer-webapplikationen-auf

GRIN - Your knowledge has value

Der GRIN Verlag publiziert seit 1998 wissenschaftliche Arbeiten von Studenten, Hochschullehrern und anderen Akademikern als eBook und gedrucktes Buch. Die Verlagswebsite www.grin.com ist die ideale Plattform zur Veröffentlichung von Hausarbeiten, Abschlussarbeiten, wissenschaftlichen Aufsätzen, Dissertationen und Fachbüchern.

Besuchen Sie uns im Internet:

http://www.grin.com/

http://www.facebook.com/grincom

http://www.twitter.com/grin_com

BACHELORARBEIT

Realisierung von verzögerungsfreien Mehrbenutzer Webapplikationen auf Basis von HTML5 WebSockets

Hochschule Harz
University of Applied Sciences
Wernigerode

Fachbereich Automatisierung und Informatik
im Fach Medieninformatik

Erstellt von: Lars Häuser

Datum: 16.06.2011

Inhaltsverzeichnis

Kapitel 1

Einleitung

1 Einleitung

Die heutige Generation des Internets ist eine andere als vor fünf bis zehn Jahren. Mehr und mehr Webanwendungen fühlen sich wie Desktopanwendungen an. Zu einem kleinen Teil liegt dies an der steigenden Geschwindigkeit der Internetzugänge der Benutzer, aber zum großen Teil liegt dies an innovativen Webtechniken wie AJAX und COMET.

Durch diese und weitere Techniken hat bei Office-Anwendungen, Kollaborations-Software, Chat- und sogar Betriebssystemen zum Teil eine Verlagerung von der Desktop- zur Webanwendung statt gefunden.

Ein Vorteil solcher Webanwendung ist, dass der Benutzer keine weitere Software als seinen Browser benötigt. Selbst zusätzliche Browser-Plugins wie beispielsweise Java-Applets oder das Flash-Plugin sind heute nicht mehr zwingend nötig. Weitere Vorteile dieser zentralisierten Anwendungen sind eine ortsungebundene Nutzung und die ständige Verfügbarkeit.

Grundvoraussetzung für solche Webapplikationen sind schnelle Datenübertragungen ohne Verzögerungen, damit Änderungen am System dem Nutzer möglichst in Echtzeit ersichtlich werden und zur Verfügung stehen. Bei der AJAX-Technologie findet beispielsweise die Kommunikation mit dem Server und die Eingaben der Nutzer getrennt statt. Zum Speichern von Daten ist jedoch auch weiterhin eine synchrone HTTP-Verbindung über das TCP-Protokoll zum Server notwendig. Jedoch finden oft viele Vorgänge, wie beispielsweise das Eingeben von Daten, Datenvalidierung, Erhalten von neuen Informationen oder die Speicherung von Daten gleichzeitig oder schnell hinter einander statt, wodurch eine asynchrone Kommunikation abläuft.

Die AJAX oder COMET Technologie basieren beide auf dem HTTP-Protokoll, was Restriktionen hinsichtlich der Übertragungswege- und Abläufe definiert. So kann der Server beispielsweise erst Daten an den Client schicken, wenn der Client vorher beim Server diese explizit angefragt hat. Somit ist eine verzögerungsfreie Kommunikation zwischen Client und Server in beide Richtungen nur eingeschränkt möglich.

Mit dem neuen HTML5 WebSocket-Protokoll soll es möglich sein, eine Kommunikation auf beiden Wegen, also der Kommunikation Client zu Server und Server zu Client, zu gewährleisten. Der Server kann also bei bestehender Verbindung Daten an den Client senden. Somit entsteht eine bidirektionale Kommunikation.

1.1 Zielsetzung

Ziel dieser Bachelorarbeit ist es, das von der W3C entwickelte WebSocket-Protokoll im neuen Webstandard HTML5 und alle dafür notwendigen Grundlagen für eine softwaretechnische Implementierung einer Webapplikation vorzustellen.

Im Rahmen dieser Arbeit sollen die folgenden Punkte näher untersucht werden:

1. Ist es möglich basierend auf einem HTML5 WebSocket und einem dafür geeigneten Server eine wenig aufwendige Implementierung einer verzögerungsfreien Kommunikation zwischen vielen Clients zu ermöglichen?

2. Gibt es einfache Alternativ-Lösungen, falls der Browser des Clients keine WebSockets unterstützt?

3. Wie reagieren WebSocket-Verbindungen in Hochlastsituationen und wie schnell können Daten mittels einer WebSocket-Verbindung übertragen werden?

4. Die Konzeption und prototypische Entwicklung einer Mehrbenutzer Webapplikation, die hauptsächlich die WebSocket-Technologie nutzt.

1.2 Aufbau der Arbeit

Die folgende Arbeit gliedert sich in sechs Kapitel. Im zweiten Kapitel werden alle Grundlagen, die zum Verständnis der WebSocket-Technologie nötig sind, erläutert. Im Anschluss werden in Kapitel drei alle WebSocket spezifischen Grundlagen und Details erklärt und die Ergebnisse der Tests bezüglich der Geschwindigkeit von Datenübertragungen und Stabilität unter hoher Last von WebSockets vorgestellt. Außerdem wird eine Übersicht über mögliche Servertechnologien gegeben. Kapitel vier beschreibt die konkrete Implementierung von WebSockets auf Clientseite. Um aufzuzeigen welche Alternativen zu WebSockets existierten, werden in Kapitel fünf mögliche alternative Techniken vorstellt. Daraufhin wird die prototypische Umsetzung einer verzögerungsfreien Mehrbenutzer Webapplikation, die im Rahmen dieser Arbeit umgesetzt wurde, präsentiert. Abschließend wird ein Ausblick auf kommende Möglichkeiten gegeben und alle Ergebnisse dieser Arbeit in einem Fazit zusammengefasst.

Kapitel 2

Grundlagen

2 Grundlagen

In Webapplikationen, die in einem Browser ablaufen, kommunizieren verschiedene Akteure miteinander. Diese Akteure können im Wesentlichen in zwei Rollen eingeteilt werden. Zum einen finden wir auf der Anwenderseite den Client mit seinem Browser und auf der Gegenseite einen Server. Im Regelfall nimmt der Browser Kontakt zu einem Web-Server auf und fragt eine Information an. Wenn der Server nun diese Information bereithält, liefert er sie an den Client zurück. In den folgenden Abschnitten sollen alle technischen Grundlagen und Methoden dieser Datenkommunikation erläutert werden.

2.1 TCP/IP

Grundlage für die gesamte Netzwerktechnik bilden das Transmission Control Protocol (TCP) und das Internet Protocol (IP) und stellen somit die Basistechnologie und Infrastruktur für das globale Internet dar. Protokolle wie TCP und IP definieren die Regeln für die Kommunikation zwischen verschiedenen Computern.[1] Sie beschreiben also, wie und auf welche Art und Weise Daten ausgetauscht werden sollen.

Hauptaufgabe des Internet Protocols ist, welches zur Vermittlungsschicht im TCP/IP – Referenzmodell gehört, die Daten an den richtigen Rechner im richtigen physikalischen Netz weiterzuleiten.[2] Das Internet Protocol ermittelt also die IP-Adresse des Zielrechners und das sogenannte Routing zum Zielrechner. Eine sichere Zustellung der fragmentierten Pakete kann jedoch nicht über die Vermittlungsschicht erfolgen und wird aus diesem Grund von der Transportschicht übernommen.

TCP ist eines der wichtigsten Protokolle der Transportschicht (Schicht 3) im TCP/IP – Referenzmodell und ist ein zuverlässiges, verbindungsorientiertes und paketvermittelndes Transportprotokoll und stellt im Unterschied zum User Datagram Protokoll (UDP) eine End-zu-End Verbindung zwischen zwei Rechnern im Netzwerk her: Dessen Aufgabe ist es, einen sicheren Transport von Daten durch ein Netzwerk bereitzustellen. Die Zuverlässigkeit eines Datentransfers wird von dem Mechanismus namens *Positive Acknowledgement with Re-Transmission (ACK)* gewährleistet. Dies bedeutet, dass der Erhalt der Daten vom Empfänger an den Sender mit einer positiven Nachricht quittiert wird, sobald das Paket den Empfänger erreicht hat (siehe Abb. 2-1). Sollte der Sender keine positive Antwort erhalten, wird das Senden solange wiederholt, bis eine positive Rückantwort eingegangen ist.[3]

---

[1] Vgl. Comer, 2003, S. 34
[2] Vgl. Wöhr, 2004, S. 5ff
[3] Vgl. Holtkamp, 2002, S. 32

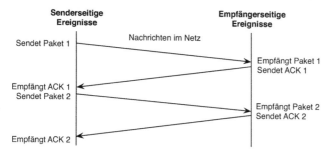

Abbildung 2-1 zeigt den Ablauf einer Datenübertragung mittels TCP[4]

Über der TCP und IP Schicht im TCP/IP-Referenzmodell befindet sich die Anwendungsschicht (Abb. 2-2). Diese Schicht beinhaltet alle Protokolle auf Anwendungsebene, die dem Benutzer am nächsten ist. Die Anwendungsschicht ist also die Kommunikationskomponente eines Programms und stellt den Anwendungsprozessen Netzwerkdienste bereit.[5]

Client		Server
HTTP	◄···· **Anwendungsschicht** ····►	HTTP
TCP	Transportschicht	TCP
IP	Vermittlungsschicht	IP
	physikalische Schicht	

Abbildung 2-2 Beispiel Protokoll-Stack [6]

2.2 HTTP

Der wohl wichtigste Internetdienst neben E-Mail und Instant Messaging ist das World Wide Web (WWW). Die Hauptaufgabe dieses Dienstes ist es, einen Austausch von verschiedenen Daten zwischen dem Informationssuchenden (Client) und dem Informationsanbieter (Server) zu gewährleisten.[7] Damit eine Verständigung zwischen einem Server und einem Client stattfinden kann, müssen beide die gleiche Sprache sprechen. Wie der Informationsaustausch, also die Bereitstellung von Webseiten, auszusehen hat, regelt in der Anwendungsschicht primär das Hypertext Transport Protocol (HTTP).[8] Wie auch andere Internetdienste, setzt HTTP eine TCP Verbindung voraus, bietet selbst aber keine Verlässlichkeit. Zudem hat HTTP die Eigenschaft der Zustandslosigkeit, es speichert also keinerlei Informationen über vorangegangene Anfragen.[9]

---

[4] Eigene Darstellung in Anlehnung an Abb. 13.1, Comer, 2003, S. 219
[5] Vgl. Cisco Systems, 2002, S. 338
[6] Eigene Darstellung in Anlehnung an Abb. 1-4, Wöhr, 2004, S. 7
[7] Vgl. Carl, 2006, S. 14
[8] Vgl. Meinel & Sack, 2004, S. 735
[9] Vgl. Comer, 2003, S. 497

Eine wesentliche Eigenschaft von HTTP ist, dass das Protokoll auf dem Request-Response-Paradigma (zu dt. Anfrage-Antwort-Paradigma) basiert, d.h. der Server liefert erst Inhalte, wenn der Client diese explizit anfragt.[10]

2.3 Request-Response-Paradigma (HTTP-Request-Cycle)

Eine Request-Response-Transaktion, also z.B. das normale Aufrufen einer Webseite im Browser, erfolgt in vier einzelnen Schritten:

1. Der Client baut eine TCP-Verbindung zum Server auf.
2. Der Client sendet einen HTTP-Request zum Server.
3. Der Server bearbeitet die Anfrage und schickt eine HTTP-Response zum Client.
4. Der Server baut die Verbindung wieder ab.

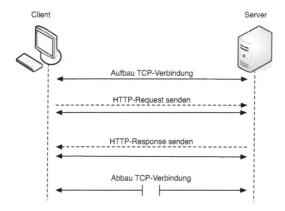

Abbildung 2-3 klassisches HTTP Request-Response-Paradigma nach Wöhr, 2003, S. 219

Frühe Versionen des HTTP-Protokolls bauten für jede einzelne Anfrage eine einzelne TCP-Verbindung auf. Dies wurde allerdings in der Version 1.1 des Protokolls, was im RFC 2616 von Juni 1999 beschrieben ist, so geändert, dass die TCP-Verbindung nicht mehr automatisch vom Server geschlossen wird. Diese so genannten *keep-alive oder persistenten Verbindungen* steigern enorm die Effizienz, wenn eine Webseite z.B. viele einzelne Grafiken enthält.[11]

Da weniger TCP-Verbindungen für die Datenübertragung benötigt werden, verringert sich die Verzögerung der Antworten, es entsteht weniger Overhead in den Netzwerken und es werden weniger CPU-Zyklen auf dem Server benötigt.

---

[10] Vgl. Wöhr, 2004, S. 8
[11] Vgl. Wöhr, 2004, S. 218

2.4 Klassische Webanwendung: Synchrone Datenübertragung

Bei dem klassischen Modell einer Webanwendung findet der HTTP-Request-Cycle bei jedem Klick auf einen Hyperlink statt. Der Benutzer folgt einem Link, die Seite baut sich auf, der Benutzer nimmt Informationen auf und wenn er genug Informationen gesammelt hat, steuert er mit einem Klick auf einen Link eine neue Seite an und beginnt die Prozedur von vorne. Die Datenübertragung neuer Inhalte findet also synchron hintereinander statt, wie man in Abbildung 2-4 sehen kann.

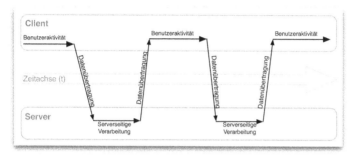

Abbildung 2-4 synchrone Datenübertragung bei einer klassischen Webanwendung[12]

An sich wirken somit einfache Internetanwendungen, auch Webanwendungen deren Inhalt dynamisch durch Skriptsprachen und Datenbankabfragen erzeugt wird, recht starr.[13]

2.5 Asynchrone Webapplikationen

In asynchronen Webanwendungen wird die Übertragung von Daten an oder vom Webserver von dem Seitenaufbau oder der Eingabe durch den Nutzer getrennt. Der Nutzer kann somit mit der Weboberfläche interagieren und alle benötigten Informationen werden im Hintergrund bereitgestellt oder an den Webserver zur Speicherung oder Validierung gesendet.

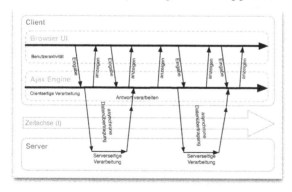

Abbildung 2-5 Ablauf der Datenübertragung in asynchronen Webanwendungen[14]

---

[12] Abbildung in Anlehnung an Garrett, 2005
[13] Vgl. Carl, 2006, S. 2

Die Internetseite muss somit nicht neu geladen werden, und der Nutzer bekommt meist ein reaktionsfreudigeres Interface geboten, was nicht selten auch an eine Desktopanwendung erinnert. Wie diese Entkopplung von Eingaben, also auch das Klicken auf einen Link oder Button, durch den Nutzer und der Übertragung von Daten an oder von dem Webserver stattfinden kann bzw. aufgebaut sein kann, zeigt Abbildung 2-5. Die Technik, die hierfür sehr oft genutzt wird, heißt Ajax (Asynchronous JavaScript and XML), welche im Kapitel 5.1 näher erläutert wird.

2.6 HTML5

Aktuelle Webtechniken werden oft unter dem Begriff HTML5 zusammengefasst. Ein großer Teil dieser Techniken haben jedoch nichts mehr mit der eigentlichen Hypertext Markup Language, der Auszeichnungssprache des WWW, gemein. Viele der Techniken, die unter dem Begriff HTML5 vereint sind, bauen auf Javascript auf. Das W3C entwickelt stetig an der Spezifikation von HTML5, wozu unter anderem auch die Javascript-APIs für Canvas, LocalStorage, Web Workers, Geolocation, XHR, WebSockets et cetera, aber auch bestehende und bekannte Techniken wie CSS3 und DOM zählen. Auch neue HTML Tags wie <video> oder <audio> und viele mehr gehören zu

Abbildung 2-6 HTML5 Logo
(Quelle: http://w3.org/html/logo/)

der Spezifikation. Obwohl sich die HTML5 Spezifikation noch immer in Arbeit befindet (Der aktuelle Arbeitsentwurf Nr. 11 ist vom 25. Mai 2011), können schon viele der Techniken in aktuellen Browsern genutzt werden. Einige Browserhersteller arbeiten eng mit der W3C zusammen und implementieren stetig Teile der aktuellen Spezifikation in ihre Browser. Ein Vorteil dieser Arbeitsweise ist, dass Webentwickler schon jetzt aktuelle Techniken in ihren Applikationen nutzen können, ein Nachteil ist jedoch, dass der Entwurf ständiger Veränderung unterliegt und es zu Inkonsistenzen oder Problemen bei bereits implementierten Anwendungen kommen kann. Zudem handelt es sich nur um Entwürfe, als um eine fertige Spezifikation. So implementieren die Browserhersteller oft unterschiedliche Versionen und somit ist nicht jede Technik oder Teile der Techniken in jedem Browser vorhanden.[15]

Auch HTML5 WebSockets zählen zu diesen aktuellen Webtechniken und einer nativen Implementierung von einem bidirektionalen Kommunikationskanal zwischen Server und Client steht somit nichts im Wege.

---

[14] Abbildung in Anlehnung an Garrett, 2005
[15] Vgl. Ian Hickson (Google, 2011)

Kapitel 3

HTML5 WebSockets

3 HTML5 WebSockets

3.1 Was ist eine Socket-Verbindung?

Sockets stellen Kommunikationsendpunkte im Netzwerk dar und sind somit eine direkte Verbindung zwischen zwei Programmen auf entfernten Rechnern bzw. zwischen zwei Prozessen auf dem gleichen Computer (Interprozesskommunikation), die als Grundlage ein Protokoll aus der Transportschicht als Kommunikationsweg nutz.

Bei Sockets wird zwischen TCP-Sockets, die als Grundlage das TCP-Protokoll verwenden und die UDP-Sockets, die als Grundlage das UDP-Protokoll benutzen, unterschieden.[16] Im Folgenden wird, wenn der Begriff Sockets genutzt wird, von TCP-Sockets gesprochen.

Zur Adressierung der Rechner wird meist der Rechnername in Form der IP-Adresse und eine Port-Nummer verwendet.

Charakteristische Eigenschaften von Sockets sind:

- Sockets erlauben eine bidirektionale (Vollduplex) Kommunikation.
- Sockets sind durch das FIFO-Prinzip[17] (First in First out) gekennzeichnet.
- Die Kommunikation ist erst beendet, wenn einer der beiden Kommunikationspartner die Verbindung abbricht oder beendet.

Eine Socket-Verbindung in einer Webapplikation anstelle einer reinen Kommunikation über HTTP ist keine neue Erfindung, jedoch war dies bisher nur über ein Java-Applet oder ein Flash-Plugin möglich. Die folgende Abbildung zeigt, wie eine solche Webapplikation aufgebaut ist und arbeitet.

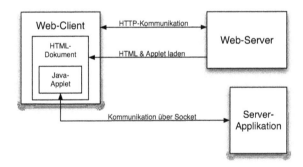

Abbildung 3-1 Kommunikation zwischen Java-Applet und Server-Applikation mittels Sockets[18]

---

[16] Vgl. Wöhr, 2004, S. 194
[17] Das FIFO-Prinzip bedeutet, dass der Leser die Daten aus dem Socket nur in der Reihenfolge lesen kann, wie sie vom Schreiber geschrieben wurden.
[18] Abbildung in Anlehnung an Wöhr, 2004, S. 193

3.2 HTML5 WebSockets

Die einen reden von einem Quantensprung für das Web[19] und die anderen bezeichnen es eher als Erweiterung zu HTTP.

Das HTML5 WebSocket-Protokoll definiert ein Vollduplex-Kommunikationskanal über eine einzige Socket-Verbindung zwischen Client und Server, die nativ im Browser implementiert ist. Es stellt nicht nur eine inkrementelle Verbesserung zu HTTP dar, sondern ist ein großer Fortschritt insbesondere für verzögerungsfreie und ereignisgesteuerte Webanwendungen. Die Benutzung von verschachtelten „Hacks", wie Ajax-Long-Polling, die eine bidirektionale Verbindung zwischen Client und Server simulieren, sind mit WebSockets nicht mehr nötig.[20]

3.3 Das WebSocket-Protokoll

Da sich das WebSocket-Protokoll noch in der Entwicklung befindet, wird stetig an dem Entwurf des Protokolls gearbeitet. Die „Internet Engineering Task Force", kurz IETF, hat es sich zur Aufgabe gemacht, dass „das Internet besser funktioniert"[21]. Sie stellt die aktuellen aber auch die vergangenen Versionen des Protokolls auf ihrer Internetseite bereit. Momentan ist Version 08 vom 07. Juni 2011, die von Ian Fette von Google Inc. geschrieben wurde, aktuell.[22] In den meisten aktuellen Browser-Versionen, die WebSockets unterstützen (siehe Kapitel 4.3), ist jedoch Version 00, auch draft-ietf-hybi-thewebsocketprotocol-00 oder ehemals draft-hixie-thewebsocketprotocol-76 genannt, vom 23. Mai 2010 von Ian Hickson von Google Inc. implementiert, weshalb im Folgenden auch nur auf diese Version eingegangen wird.

Der größte Unterschied zwischen der aktuellen Version 08 und der momentan meist implementierten Version 00 ist die Art, wie der Handshake zwischen Client und Server vonstatten geht.

3.3.1 Überblick

Das Protokoll besteht im Wesentlichen aus zwei Teilen: dem sog. Handshake und dem Datentransfer.

Der Handshake-Request von Clientseite sieht wie folgt aus:

```
 1   GET /demo HTTP/1.1
 2   Host: example.com
 3   Connection: Upgrade
 4   __utmz=232610048.1304843965.8.5.utmcsr=google
 5   Sec-WebSocket-Key2: 12998 5 Y3 1  .P00
 6   Sec-WebSocket-Protocol: sample
 7   Upgrade: WebSocket
 8   Sec-WebSocket-Key1: 4 @1  46546xW%0l 1 5
 9   Origin: http://example.com
10
11   ^n:ds[4U //8-Byte request hash
```

Listing 3-1 Beispiel WebSocket Handshake-Request von Client an Server

---

[19] Lubbers & Greco, SOA World Magazine, 2010
[20] Vgl. Lubbers & Greco, 2010
[21] Übersetzter Leitspruch der The Internet Engineering Task Force, 2011
[22] aktuelle Version des WebSocket-Protokolls: http://tools.ietf.org/html/draft-ietf-hybi-thewebsocketprotocol-08 (Stand: 07.06.2011)

Die Handshake-Response von Serverseite sieht dagegen wie folgt aus:

```
1    HTTP/1.1 101 WebSocket Protocol Handshake
2    Upgrade: WebSocket
3    Connection: Upgrade
4    Sec-WebSocket-Origin: http://example.com
5    Sec-WebSocket-Location: ws://example.com/demo
6    Sec-WebSocket-Protocol: sample
7
8    8jKS'y:G*Co,Wxa-  //16-Byte challenge response
```

Listing 3-2 Beispiel WebSocket Handshake-Response von Server an Client

Die führende Zeile eines Handshakes auf Clientseite, wie in Zeile eins in Listing 3-1 zu sehen ist, folgt dem Request-Zeilenformat und die erste Zeile eines Handshakes auf Serverseite, wie man in Zeile eins in Listing 3-2 sieht, folgt dem Status-Zeilenformat aus der HTTP-Spezifikation. Nach der erste Zeile folgt in beiden Fällen eine ungeordnete Menge mit case-insensitiven Schlüssel-Wert-Paaren im ASCII-Format (Zeile 2-9 in Listing 3-1 und Zeile 2-6 in Listing 3-2), die der Vorgabe der „Augmented BNF for Syntax Specifications: ABNF"[23] folgen muss. Jedes Schlüssel-Wert-Paar belegt eine einzelne Zeile, wie man es auch von den Headern aus dem HTTP-Protokoll kennt. Erfüllt eine Zeile nicht die ABNF Spezifikation, kann dies zum Abbruch der Verbindung führen.

Nach dem letzten Schlüssel-Wert-Paar sendet der Client zum Abschluss zehn Bytes, die mit den zwei Bytes 0x0D 0x0A beginnen, was im ASCII-Zeichensatz für einen Zeilenumbruch steht, gefolgt von acht zufälligen Bytes, die den Teil einer Aufforderung an den Server darstellt. Der Server sendet ebenfalls nach dem letzten Schlüssel-Wert-Paar eine Folge von 18 Bytes, die wieder mit den zwei Bytes 0x0D 0x0A beginnen und mit einer 16 Byte langen Antwort auf die Aufforderung des Clients reagiert.

Wenn der Client und der Server ihre Handshakes gesendet haben und der Handshake an sich erfolgreich war, wird die Socket-Verbindung aufgebaut und der eigentliche Datentransfer kann beginnen. Beide Parteien können nun unabhängig voneinander Daten senden. Daten werden in Form eines UTF-8 Strings gesendet und jede Nachricht, auch Frame genannt, beginnt mit einem 0x00 Byte und endet mit einem 0xFF Byte. Durch die begrenzenden Bytes am Anfang und Ende eines Frames ist für die jeweilige Partei klar, dass es sich um eine Nachricht handelt. Um diese Eigenschaft muss sich jedoch nicht der Entwickler kümmern, sondern sie wird im Browser auf Protokollebene geregelt.

Um eine Verbindung sauber zu beenden, sendet eine Partei einen Frame bestehend aus den Bytes 0xFF und 0x00, und bittet somit die Gegenstelle die Verbindung zu beenden.

Das WebSocket-Protokoll wurde von Beginn an so entwickelt, dass in Zukunft eventuell auch andere Frame-Typen als UTF-8 Strings unterstützt werden können. Andere Typen könnten die Unterstützung von binären Daten, Datenfragmentierung, Datenkompression oder Multiplexing sein.[24] Listing 3-3 fasst den Aufbau des WebSocket-Protokolls noch einmal zusammen.

---

[23] http://tools.ietf.org/html/rfc5234
[24] Hickson (Google Inc.), 2010, S. 3 ff.

```
Handshake
    |
    V
Frame type byte <-----------------------------------.
    |       |                                        |
    |       '--> (0x00 to 0x7F) --> Data... --> 0xFF -->---+
    |                                                      |
    '--> (0x80 to 0xFE) --> Length --> Data... --------->-'
```

Listing 3-3 Zusammenfassung des WebSocket-Protokolls laut Ian Hickson 2010

3.3.2 Der Handshake und seine Header im Detail

Der erste Schritt bei einer WebSocket-Verbindung ist der formale Handschlag (engl. handshake) zwischen Client und Server. Damit eine Verbindung zwischen beiden Parteien aufgebaut werden kann, müssen beide Parteien der Verbindung zustimmen. Dieser Prozess wird *Handshake* genannt, der nur vom Client aus initiiert werden kann. Sobald ein Nutzer auf eine Internetseite kommt, auf der WebSockets genutzt werden, initiiert der Browser des Clients den Handshake, in dem er eine HTTP GET Anfrage mit der Bitte um eine Hochstufung zur WebSocket-Verbindung an den Server stellt.

Nachfolgend wird auf die einzelnen Schlüssel-Wert-Paare eines Handshake-Requests aus Listing 3-1 eingegangen:

- **Connection und Upgrade** – Der Browser des Clients initiiert den Handshake mit einer HTTP GET-Anfrage an den Server. Damit der Server weiß, dass der Client ein Upgrade zur WebSocket-Verbindung wünscht, muss dies im Header mitgesendet werden. Um dieses zu signalisieren, existieren zwei Werte im Header:
  - o *Connection: Upgrade*   - Teilt dem Server mit, dass es sich um eine Hochstufung handelt.
  - o Upgrade: WebSocket   - Teilt dem Server mit, zu welchem Protokoll die Verbindung hochgestuft werden soll.
- **Host** – Es ist wichtig, dass das Protokoll und die Verbindung gegen sog. DNS-Rebinding Attacken geschützt wird. Mit diesen ist es möglich, dass Angreifer in das private Netzwerk des Clients eindringen können. Um dies zu verhindern, schreibt die WebSocket-Spezifikation vor, dass die Host-Adresse im Header vorhanden sein muss.
- **Origin** – Der Server sollte in der Lage sein, eine fundierte Entscheidung darüber zu treffen, ob er die Handshake-Aufforderung akzeptieren will oder nicht. Das Origin-Attribut im Header ermöglicht dem Client, dem Server mitzuteilen, von welcher Domain der Request stammt. Der Server kann anhand dieser Information entscheiden, ob die Anfrage gültig ist oder nicht.
- **Sec-WebSocket-Protocol** – Mit dieser Header-Information ist es möglich, dass WebSocket-Protokoll in geschichtete Subprotokolle zu unterteilen. Der Client kann mit einem kommaseparierten String mehrere Subprotokoll angeben.
- **Sec-WebSocket-Key1 and Sec-WebSocket-Key2** – Da es sich bei einer Handshake Anfrage vom Client um eine einfache HTTP-Anfrage handelt, muss es für den Server eine Möglichkeit geben, zu verifizieren, ob es sich um eine gültige Handshake Anfrage handelt. Um

eine Sicherheit gegen Cross-Protokoll Hacking zu gewährleisten, werden diese zwei Security Keys im Header mitgesendet.

- **Cookies** – Mit Cookies im Header hat der Client eine weitere Möglichkeit Informationen an den Server zu übermitteln.

- **Die letzten acht Bytes** – Challenge Request - Am Ende jeder Anfrage wird ein acht Byte langer zufälliger Key vom Browser generiert und an den Header angehängt. Dieser wird zusammen mit dem Sec-WebSocket-Key1 and Sec-WebSocket-Key2 vom Server genutzt um eine sogenannte *Challenge Response* zu generieren.

Nachfolgend wird auf die einzelnen Schlüssel-Wert-Paare einer Handshake-Response aus Listing 3-2 eingegangen:

- **HTTP-Status-Line** – Die erste Zeile ist eine HTTP Status-Zeile mit dem Statuscode 101 - HTTP/1.1 101 WebSocket Protocol Handshake. Der Statuscode 101 wird auch *Switching Protocols* genannt und wird verwendet, wenn der Server eine Anfrage mit gesetztem „Upgrade"-Header-Feld empfangen hat und mit dem Wechsel zu einem anderen Protokoll einverstanden ist.

- **Connection and Upgrade** – Aus HTTP Kompatibilitätsgründen beinhaltet die Server – Antwort ebenso die Upgrade und Connection Header-Information.

- **Sec-WebSocket-Location** – Auch der Server sendet die Host-Information an den Client zurück. Diese Information hilft Beiden zu wissen, auf welchem Host der Informationsaustausch stattfindet.

- **Sec-WebSocket-Origin** – Aus Gründen der Sicherheit spezifiziert der Server ebenfalls die URL von der die WebSocket-Anfrage bzw. für welche die Verbindung akzeptiert wurde.

- **Sec-WebSocket-Protocol** – Der Server antwortet ebenfalls mit dem Subprotokoll. Diese Antwort schließt den Kreis und legt die Subprotokolle fest, welche für die Verbindung genutzt werden.

- **Challenge Response (letzte Zeile in der Antwort)** – Diese 18 Bytes gewährleisten dem Client, dass es sich bei der Gegenstelle um einen gültigen WebSocket-Server handelt und der Server bereit ist, mit dem Client über das WebSocket-Protokoll zu kommunizieren. Der Client sendet hierfür dem Server die drei Informationen Sec-WebSocket-Key1, Sec-WebSocket-Key2 und eine acht Byte lange zufällig Reihfolge von Zeichen im Request. Der Server generiert nun aus diesen drei Informationen die 18 Byte lange Challenge Response und sendet diese im Response-Header an den Client. Anschließend überprüft der Browser des Clients den String. Stimmt die Antwort vom Server mit dem eigens im Browser generierten Code überein, kommt die WebSocket-Verbindung zustande. Andernfalls wird die Verbindung vom Client ausgeschlossen.

```
  Headers    Cookies    Timing

  Request URL: ws://localhost:9881/websocket
  Request Method: GET
  Status Code:  @ 101 Web Socket Protocol Handshake
  ▼ Request Headers
  Connection: Upgrade
  Host: localhost:9881
  Origin: http://localhost
  Sec-WebSocket-Key1: 2;58$24 71040 _
  Sec-WebSocket-Key2: P 1Z8#  q * ]30+3423   h?6
  Sec-WebSocket-Protocol:: chat
  Upgrade: WebSocket
  (Key3): BE:83:62:2D:D4:7B:1F:6D
  ▼ Response Headers
  Connection: Upgrade
  Sec-WebSocket-Location: ws://localhost:9881/websocket
  Sec-WebSocket-Origin: http://localhost
  Sec-WebSocket-Protocol: chat
  Upgrade: WebSocket
  (Challenge Response): 63:B2:40:AD:5C:CC:CD:0C:3B:30:9F:50:2D:23:15:DD
```

Abbildung 3-2 Beispiel WebSocket Handshake und seine Header in Google Chrome 11 unter Mac OS X

All die oben genannten Regeln für einen Handshake stellen Folgendes sicher: Client und Server können durch diese Regeln entscheiden, ob eine WebSocket-Verbindung zustande kommt. Die Cross-Protokoll-Sicherheit ist somit gesichert und der Server ist in der Lage, einen normalen HTTP-Request oder die Vortäuschung eines Handshakes durch einen XMLHttpRequest von einem echten Handshake zu unterscheiden. Hierzu ein Zitat aus der WebSocket Spezifikation:

„It is similarly intended to fail to establish a connection when data from other protocols, especially HTTP, is sent to a WebSocket server, for example as might happen if an HTML |form| were submitted to a WebSocket server. This is primarily achieved by requiring that the server prove that it read the handshake, which it can only do if the handshake contains the appropriate parts which themselves can only be sent by a WebSocket handshake; in particular, fields starting with |Sec-| cannot be set by an attacker from a Web browser, even when using |XMLHttpRequest|." (Hickson (Google Inc.), 2010, S. 12, Kap. 1.6)

Ebenso überprüft der Client die Antwort des Servers auf Richtigkeit. Hierzu nutzt er die Challenge Response. Dies stellt sicher, dass kein anderer Server vortäuschen kann, dass es sich um den WebSocket-Server handelt, da Challenge Request und Response spezifisch für eine bestimmte WebSocket-Verbindung gilt.[25]

3.4 Die W3C WebSocket-API

Die WebSocket API auf der Internetseite des World Wide Web Consortiums (W3C) befindet sich, ebenfalls wie die Protokoll-Spezifikation, stetig in der Bearbeitung und fast wöchentlich gibt es Änderungen an dem Entwurf. In dem folgenden Abschnitt wird auf den *Editor's Draft* vom 13. April

---

[25] kompletter Abschnitt Vgl. Jha, 2010

2011 eingegangen, der von Ian Hickson von Google Inc. erstellt bzw. bearbeitet wurde. Die WebSocket API[26] beschreibt den Aufbau einer Vollduplex-Verbindung über das WebSocket Protokoll mittels Javascript. Das Interface besitzt einen Konstruktor (siehe Listing 3-4), der ein oder zwei Argumente entgegen nimmt. Das erste Argument spezifiziert die *URL* als String, zu der eine Verbindung aufgebaut werden soll und als zweiten Parameter kann optional *protocols* als String übergeben werden.

```
[Constructor(in DOMString url, in optional DOMString[] protocols)]
```

Listing 3-4 WebSocket Konstruktor

Weiterhin besitzt das WebSocket Interface folgende Attribute:

```
// ready state
const unsigned short CONNECTING = 0;
const unsigned short OPEN = 1;
const unsigned short CLOSING = 2;
const unsigned short CLOSED = 3;
readonly attribute unsigned short readyState;
readonly attribute unsigned long bufferedAmount;
```

Listing 3-5 WebSocket Interface Attribute

Zudem werden folgende zwei Methoden

```
boolean send(in DOMString data)
void close()
```

Listing 3-6 WebSocket Methoden

und folgende vier Events bereitgestellt.

```
attribute Function onopen;
attribute Function onmessage;
attribute Function onerror;
attribute Function onclose;
```

Listing 3-7 WebSocket Events

Wie diese API zur Implementierung auf Clientseite genutzt wird, wird in Kapitel vier näher erläutert.

3.5 Vergleich einer HTTP-Message mit einer WebSocket-Message

Wie in Abb. 2-3 schon ersichtlich wurde, wird bei jedem Seitenaufruf per HTTP durch den Benutzer ein Request an den Server gesendet, dieser wird anschließend verarbeitet und eine Response wird an den Client zurückgesendet. Bei jedem Aufruf wird demnach eine neue HTTP-Verbindung aufgebaut und somit werden stetig alle erforderlichen Informationen erneut übertragen.

---

[26] API ist die Abkürzung für ‚application programming interface' und ist eine Schnittstelle zu einem Programm, was von anderen Programmen genutzt werden kann.

Ein HTTP-Request hat folgenden allgemeinen Aufbau:

```
Methode Request-URL HTTP-Version
[Header]

[Body]
```

```
GET / HTTP/1.1 Host: www.google.de
User-Agent: Mozilla/5.0 Gecko/20100101 Firefox/4.0 FirePHP/0.5
Accept: text/html,application/xhtml+xml, application/xml;q=0.9,*/*;
Accept-Language: de-de,de;q=0.8,en-us;q=0.5,en;q=0.3
Accept-Encoding: gzip, deflate
Accept-Charset: ISO-8859-1,utf-8;q=0.7,*;q=0.7
Keep-Alive: 115
Connection: keep-alive
Cookie: PREF=ID=6d993caf42988d78:U=5af3ecc49f10bf1b:FF=0;
x-insight: activate
Cache-Control: max-age=0
```

Listing 3-8 Beispiel eines HTTP-Requests

Header und Body (Datenbereich) im Request sind optional. Der Datenbereich enthält die eigentlich zu übertragenden Daten. Die erste Zeile eines Requests enthält die Anfrage-Methode gefolgt von der angefragten URL und der HTTP-Version. Mit einer neuen Zeile beginnt die Header-Information in Form von *Schlüssel: Wert1 [, Wert2 ...]* – Paaren pro Zeile. Nach allen Header-Angaben folgt eine Leerzeile, die syntaktisch als Separator zwischen HTTP-Header und Body gilt.

Eine HTTP-Response hat folgenden allgemeinen Aufbau:

```
HTTP-Version Statuscode Statustext
[Header]

[Body]
```

```
HTTP/1.1 200 OK
Date: Wed, 27 Apr 2011 09:07:48 GMT
Expires: -1
Cache-Control: private, max-age=0
Content-Type: text/html; charset=UTF-8
Content-Encoding: gzip
Server: gws
Content-Length: 13294
X-XSS-Protection: 1; mode=block

<!doctype html><html><head> ...
```

Listing 3-9 Beispiel einer HTTP-Response

Die Antwort des Servers beginnt mit der HTTP-Version, gefolgt von einem Statuscode und Statustext. Statuscode und –Text beschreiben kurz gesagt, ob die angefragten Daten vorhanden sind oder der Anfragende überhaupt Zugriff auf die Ressourcen hat. Im Header teilt der Server dem Client z.B. neben Abrufdatum und –Uhrzeit den Typ des folgenden Dokuments mit. Auch in einer Response wird der Header mit einer Leerzeile abgeschlossen und danach folgt der Inhalt des angefragten Dokuments, was im Regelfall eine HTML-Datei ist.[27]

---

[27] Vgl. Wöhr, 2004, S. 219

WebSocket-Messages werden auch Frames genannt und setzen sich aus wenigen Bytes zusammen. Jedes Frame beginnt mit dem Byte *0x00* und endet mit *0xFF*. „*0x*" kennzeichnet hier, dass es sich um eine Hexadezimalzahl handelt. Zwischen Start- und Endbyte können in UTF-8 kodierte Daten enthalten sein. Grundsätzlich existiert keine definierte Maximalgröße für einen Frame. Jedoch setzt hier Javascript ein Grenze, da Strings maximal 4GB groß sein dürfen.[28]

3.6 Geschwindigkeitstest einer Datenübertragung

In vielen Artikeln im Internet taucht immer wieder der Begriff „Echtzeit" oder „realtime" Webapplikation auf, wenn von HTML5 WebSockets gesprochen wird. Der folgende Versuch soll zeigen, wie schnell Datenübertragungen über WebSockets zwischen einem Server und einem Client sind.

Der folgende Test ist mit einem Round-Trip-Time Test, kurz RTT genannt, gleichzusetzen. Dieser Test wird im TCP-Protokoll verwendet und speichert „die Zeit, die für die Übertragung eines Segments benötigt wird und die Zeit des Eintreffens einer Bestätigung für das Paket. Aus diesen beiden Zeiten ermittelt das Protokoll die abgelaufene Zeit, die unter dem Namen Round-Trip-Sample bekannt ist. Immer dann, wenn TCP ein neues Round-Trip-Sample ermittelt hat, passt das Protokoll seine Vorstellung einer durchschnittlichen Round-Trip-Zeit für die Verbindung an."[29]

3.6.1 Begriffsdefinition »Echtzeit«

Immer öfter fällt der Begriff »Echtzeit« in Artikeln über das Internet oder bestimmte Webapplikationen. Aber was bedeutet Echtzeit? Lutz Schmitt hat in seiner Diplomarbeit folgende Begriffsdefinition verwendet: „Echtzeit beschreibt die Ausführung eines Prozesses in einem so kurzen Zeitintervall, dass für die menschliche Wahrnehmung keine Zeit vergangen ist. Echtzeit beschreibt also das Phänomen der Reduzierung eines (Maschinen-)Prozesses auf einen Zeitpunkt." Ein Grund dafür, dass der Begriff Echtzeit so populär wurde, liegt darin, dass Prozesse „[...] die bis vor wenigen Jahren noch eine wahrnehmbare Dauer in Anspruch nahmen, so stark beschleunigt worden sind, dass sie eben nicht mehr wahrzunehmen sind."[30]

Auch in dieser Arbeit, speziell in diesem Test, wird von der oben genannten Definition ausgegangen. Es stellt sich nun nur noch die Frage, wie groß das Zeitintervall sein darf, in dem ein Prozess ausgeführt wird, damit für die menschliche Wahrnehmung keine Zeit vergangen ist. Hierfür wird die Studie von Tim Schönwetter von der Justus-Liebig-Universität Gießen herangezogen, in der untersucht wurde, wie die menschliche Wahrnehmung und somit die Augenbewegung reagiert, wenn man auf einem PC-Monitor zwei Punkte mit festem Abstand und unterschiedlichen festdefinierten Zeitdifferenzen aufblitzen lässt.

In der Psychologie, speziell der Wahrnehmungspsychologie, werden häufig Untersuchungen zu sogenannten Scheinbewegungen durchgeführt. Die Definition einer Scheinbewegung lautet nach Tim Schönwetter: „Erscheint ein Objekt kurz hintereinander an zwei verschiedenen Stellen, so nimmt man als Beobachter oft eine Bewegung des Objektes war, obwohl physikalisch keine Bewegung vorhanden ist. [...] Ob man eine Scheinbewegung wahrnimmt, hängt ab von der dem

---

[28] Vgl. Hickson (Google Inc.), 2010, Kapitel. 5.3, S. 39
[29] Vgl. Comer, 2003, S. 232
[30] Schmidt, 2006, S. 44, Kapitel „Echtzeit"

Interstimulusintervall (ISI) der Darbietung und dem Abstand der Erscheinungsquellen. Bei bestimmter Variation dieser Variablen kann man neben der Scheinbewegung noch zwei weitere Wahrnehmungen des Objektes erreichen: Eine simultane (der Beobachter sieht das Objekt an beiden Stellen gleichzeitig) und eine sukzessive (der Beobachter sieht das Objekt nacheinander) [...]." Schönwetter schlussfolgerte in seiner Untersuchung, dass bei einem Interstimulusintervall von 80ms, keine Bewegungswahrnehmung bei den Probanden auftrat und die zwei verschiedenen Objekte somit gleichzeitig wahrgenommen wurden. Weiterhin stellte er fest, dass je größer der Abstand zwischen den zwei Objekten ist, je höher auch die simultane Wahrnehmung bei gleichbleibender Zeit ist.[31] Simultane Wahrnehmung kann also für die Definition von Echtzeit verwendet werden, wenn man von dem Beispiel ausgeht, dass bei einer WebSocket-Datenübertragung ein Koordinate für eine Zeichenfläche an alle Teilnehmer gesendet wird und die Zeit zwischen Abschicken und Ankommen der Koordinate bei allen Nutzern nicht größer als 80ms ist. Für diesen Test wird also davon ausgegangen, dass eine Datenübertragung in Echtzeit vorliegt, wenn diese schneller als 80ms ist.

3.6.2 Versuchsaufbau

Auf Clientseite wird eine WebSocket-Verbindung zu einem node.js WebSocket-Server initiiert. Der Server wird auch als Echo-Server bezeichnet, was bedeutet, dass alle Nachrichten, die von dem Client X auf dem Server ankommen auch an diesen wieder zurückgesendet werden. Die Geschwindigkeit der Datenübertragung wird gemessen, indem an jede verschickte Nachricht ein aktueller Zeitstempel angehängt wird, der beim Ankommen der Nachricht wieder mit einem aktuellen Zeitstempel verglichen wird. So kann durch die Differenz bestimmt werden, wie viel Zeit eine Nachricht zwischen Abschicken und Wiederankommen beim Client (Round Trip) über den Server benötigt hat. Um ein realistisches Ergebnis zu erzielen, werden mehrere Durchgänge mit unterschiedlichen Framegrößen gemessen. Um unter annähernd realen Bedingungen zu messen, wird darauf verzichtet die Serverapplikation lokal auf dem gleichen Rechner wie der Client laufen zu lassen. Die Serverapplikation befindet sich somit im Internet (siehe Abbildung 3-3) auf einem virtuellen Server, auch vServer genannt. Die Auslieferung der Dateien, die auf Clientseite benötigt werden, übernimmt eine Apache HTTP Serverapplikation in Version 2, die ebenfalls auf dem vServer (Rechner 2) läuft.

Zum Test wurden folgende zwei Komponenten benutzt:

Rechner 1:   Notebook: Apple MacBook Pro mit einem Intel Core 2 Duo Prozessor (2,66 GHz); 8GB DDR3 Arbeitsspeicher; Betriebssystem Max OS X 10.6; durchschnittliche Internetanbindung zwischen 4 bis 8 Mbit; Browser Google Chrome 11.

Rechner 2:   Virtueller Server im Internet (physischer Standort in einem Rechenzentrum in Düsseldorf); 512 - 2048 MB Arbeitsspeicher; Betriebssystem Ubuntu 10.04 Lucid Lynx 64Bit; Virtueller Server läuft auf Hardware von Dell, Supermicro und Intel.

---

[31] Schönwetter, 2005

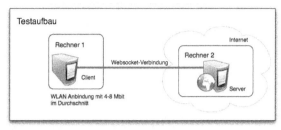

Abbildung 3-3 Aufbau der Netzwerk-Infrastruktur beim Geschwindigkeitstest

3.6.3 Implementierung und Durchführung der Test

Zunächst wird eine WebSocket-Verbindung zum Server aufgebaut. Wenn der Aufbau der Verbindung erfolgreich war, ist dies in der Weboberfläche am rechten oberen Rand sichtbar (Abb. 3-4). Nun kann im linken Texteingabefeld eine Nachricht eingegeben werden. Zu jeder Nachricht aus dem Textfeld kommen zusätzlich 17 Bytes, in denen ein Zeitstempel und vier Rauten als Trennzeichen enthalten sind (z.b. 1306138272884####). Die Trennzeichen dienen dazu, die Nachricht beim Wiederankommen besser zu splitten.

Der Test an sich wird in einer Javascript-Funktion mit Intervall, was vorher durch eine Variable festgelegt wurde, ausgeführt. Das Intervall in diesem Test wurde auf 100 Wiederholungen festgelegt. Und die Nachrichten werden in einem Abstand von 100 Millisekunden abgeschickt. Wenn diese 100 Nachrichten verschickt wurden, löscht sich das Intervall von selbst und der Test ist beendet. Um auf ein repräsentativeres Ergebnis zu kommen, wird dieser Test 25 mal wiederholt. Am Ende stehen somit 2.500 Einzelergebnisse für eine Framegröße zur Verfügung. Der Test wird jeweils mit einer Nachrichtengröße von 32, 64, 128, 256, 512, 1024, 2048, 4096, 8192, 16384 und 32768 Bytes durchgeführt. Summa Summarum stehen am Ende 27.500 Messergebnisse für die Auswertung zur Verfügung.

Der Quellcode auf Clientseite besteht im Wesentlichen aus einer einzigen HTML-Datei, in der alle Javascript-Funktionen, CSS Styles und HTML-Code enthalten sind. Um die Tabellen im HTML-DOM (Document Object Model) besser und einfacher manipulieren zu können, wurde das Javascript Framework Mootools in Version 1.3.1 zur Hilfe genommen. Ein kleines PHP-Script übernimmt die Aufgabe, die HTML-Daten auf dem Server in eine CSV-Datei zu schreiben, um eine bessere Datenübernahme in Microsoft Excel zu gewährleisten. Serverseitig wurde das I/O Framework node.js eingesetzt. Um einen WebSocket-Server einzurichten, wurde das frei verfügbare Modul *nodewebsocket* für node.js von Christian Ranz[32] genutzt.

---

[32] https://github.com/ranzwertig

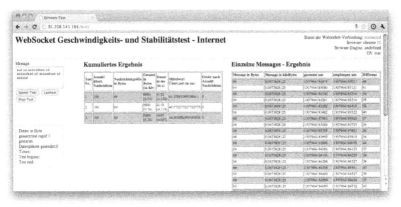

Abbildung 3-4 WebSocket Geschwindigkeitstest Weboberfläche

3.6.4 Ergebnisse und Fazit

Die Vielzahl der Ergebnisse macht es nicht möglich, diese hier zu veröffentlichen. Im Folgenden wird nur auf die kumulierten Ergebnisse eingegangen. Wie in Tabelle 1 und Abbildung 3-5 zu sehen ist, liegen die durchschnittlichen Übertragungszeiten bis zu einer Nachrichtengröße von 2048 Bytes unter den 80ms. Somit kann davon ausgegangen werden, dass hier eine Datenübertragung laut der Definition aus Kapitel 3.6.1 in Echtzeit vorliegt.

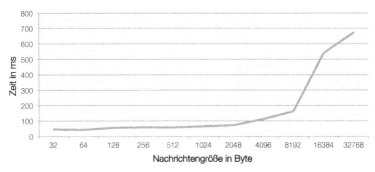

Abbildung 3-5 Durchschnittliche Übertragungszeit einer Nachricht in Millisekunden

Geht man nun davon aus, dass eine große räumliche Trennung von vielen Nutzern einer WebSocket-Webapplikation gegeben ist, sollte den Nutzern die geringe Zeitverzögerung zwischen Abschicken und Ankommen einer Nachricht nicht auffallen.
Die Messergebnisse hängen unter realen Bedingungen jedoch auch von weiteren Faktoren ab, die in diesem Test nicht beachtet wurden. Die Geschwindigkeit des Internetzugangs der Nutzer, der

Standort und die Software des Servers und die Verwendung von Zusatzprotokollen auf Clientseite wie etwa Fastpath müssten bei einer genaueren Untersuchung ebenfalls beachtet werden.

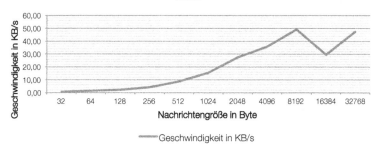

Durchschnittliche Geschwindigkeit für alle Nachrichten in KB/s

Nachrichtengröße in Byte

Geschwindigkeit in KB/s

Abbildung 3-6 Geschwindigkeit für alle Nachrichten in KB/s

In Abbildung 3-6 ist ersichtlich, dass je größer die gesendeten Nachrichten sind, je höher auch die gesamte Geschwindigkeit der übertragenen Daten ist. Das Einzige was dieses Phänomen erklärt, ist die Tatsache, dass die übertragenen Pakete nicht weiter fragmentiert werden, wie aus dem WebSocket-Protokoll-Entwurf 00 ersichtlich ist.

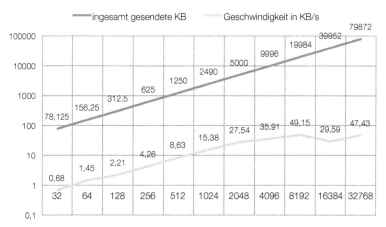

Abbildung 3-7 Zusammenhang zwischen der Geschwindigkeit und der gesendeten Nachrichten

Um eine noch repräsentativere Aussage treffen zu können, müsste der Test jedoch weiter ausgebaut werden. Es müssten Tests mit unterschiedlichen Clients und Servern durchgeführt werden.

Als Fazit dieses Tests kann jedoch gesagt werden, dass eine Datenübertragung mittels WebSockets in einer Webapplikation ein enormes Potenzial darstellt. Die Datenübertragungen bis zu der Größe von 2048 Byte sind sehr schnell und es wurde belegt, dass auch für die menschliche Wahrnehmung diese kurzen Verzögerungen kaum ersichtlich sind.

3.7 Wie verhält sich eine WebSocket-Verbindung unter hoher Last?

3.7.1 Vorbereitung

Wie auch bei dem Geschwindigkeitstest, wird Rechner 2 als Server und Rechner 1 als Client genutzt (siehe Kapitel 3.6.2). Die Komponenten wurden also nicht verändert. Es wird auch hier eine Echo-Serverapplikation verwendet, um die Daten nach Abschicken messen zu können.

3.7.2 Durchführung und Ergebnisse

Dieser Test besteht darin, so viele Daten-Pakete in einem Zeitraum von etwa 15 Minuten zu verschicken wie nur möglich. In diesem Test kommt ebenfalls eine Javascript-Methode mit Intervallfunktion zum Einsatz. Der Test wird drei Mal durchgeführt. In jedem Versuch wird pro Millisekunde eine Nachricht mit der Größe von 2048, 4096 und 16384 Bytes über die WebSocketleitung geschickt. Untersucht wird, ob die WebSocket-Verbindung abbricht, wie viele Nachrichten in der Zeitspanne gesendet werden konnten und ob ein Delay zwischen letztem Absenden und letzter ankommender Nachricht auftritt. In Tabelle zwei können die Ergebnisse, die gemessen wurden, eingesehen werden:

	Test 1 mit 2048 Byte	Test 2 mit 4096 Byte	Test 3 mit 16384 Byte
Insgesamt gesendete Bytes	105.033.728	150.994.944	198.000.640
Gesendete Pakete	51.286	36.864	12.085
Empfangene Pakete	51.286	36.864	12.085
Verbindungsabbruch	nein	nein	nein
Test Beginn	16:34:48	16:55:20	18:44:59
Test Ende	16:51:00	17:11:10	19:04:10
Übertragung letzter Nachricht am	16:51:45	17:12:06	19:07:45
Delay	45 Sek.	54 Sek.	3 Min. 35 Sek.

Tabelle 1 WebSocket Lasttest Ergebnisse

In diesem Lasttest konnte kein einziger Verbindungsabbruch festgestellt werden. Die Socket-Verbindung hat ohne Probleme der großen Menge an Daten, die in diesem kurzen Zeitraum gesendet wurden, stand gehalten. Die Verbindung ist somit als sehr stabil zu bezeichnen. Ein Nachteil, der in diesem Test festgestellt wurde, ist das Delay, das bei allen drei Durchläufen am Ende auftrat. Bei der Anzahl der versendeten Frame traten Delays zwischen 45 Sekunden und fast vier Minuten auf. Somit kann geschlussfolgert werden, dass die zu versendeten Daten in einer

Warteschlange stehen bleiben und erst gesendet werden, wenn die WebSocket-Leitung wieder frei ist.

Dieses Delay entsteht unter Anderem durch Hardware-Restriktionen auf Clientseite oder auch auf dem Weg zum Server. Ein weiteren Grund für diese Verzögerung kann auch das Netzwerk-Datenhandling auf Betriebssystemebene sein. Um diesem Problem Abhilfe zu schaffen, könnte die Eigenschaft *bufferedAmount* aus der WebSocket-API zur Hilfe genommen werden, denn diese Eigenschaft des WebSocket-Objektes ist 0, wenn die Leitung frei ist. Die send()-Methode des WebSocket-Objektes müsste mit einer if-Abfrage umschlossen werden:

```
if (websocket.bufferedAmount == 0) {
    websocket.send('Daten, die zu senden sind.');
}
```

Auch die Messergebnisse aus dem Geschwindigkeitstest (Kapitel 3.6.4) können für die Zusammenfassung des Stabilitätstest herangezogen werden. Bei den insgesamt rund 155 Megabytes, die im Zuge des Geschwindigkeitstests über eine einzelne WebSocket-Leitung versendet wurden, trat nicht ein einziges Stabilitätsproblem auf bzw. kam es zu keinem Zeitpunkt zu einem Abbruch der Verbindung. Die Socket-Verbindung wurde nicht von Clientseite und auch nicht von Serverseite geschlossen, sie blieb konstant stabil.

3.8 Liste mit Server-Implementierungen

Auf dem Open Source Markt haben sich eine Vielzahl von Serverimplementierungen, Frameworks und Bibliotheken bzw. Klassen für die Implementierung von WebSocket-Servern herauskristallisiert, die WebSocket-Verbindungen unterstützen. Die folgende Auflistung zeigt eine kurze Übersicht über die weit verbreitetsten Implementierungen und Frameworks.

Jetty

Jetty stellt einen in Java geschriebenen HTTP-Server, HTTP-Client und einen java.x Servlet-Container bereit. Als Compiler nutzt Jetty JSP des Apache Tomcat-Servers. WebSockets unterstützt die Serverapplikation seit Version 7.0.1.[33]

Grundlage: Java
Aktuelle stabile Version: 7.3.1
Lizenz: Apache-Lizenz 2.0 und der Eclipse Public License 1.0
Unterstütze Betriebssysteme: Windows, Linux, Unix, Mac OS X

PHP WebSocket

PHP WebSocket ist eine PHP 5.3 Klasse, welche die WebSocket-Protokoll-Spezifikation draft 75 und 76 unterstützt, jedoch keine eigenständige Serverapplikation darstellt. Sie baut auf eine Implementierung von Moritz Wutz auf und erweitert diese um die WebSocket-Spezifikation draft 76. Des Weiteren werden Flash Socket Policy Requests unterstützt.[34]
Allgemein werden Sockets seit PHP 4.1.0 unterstützt. Die integrierten Klassen stellen für Implementierung von Socket Servern eine Menge nützlicher Funktionen bereit.

Grundlage: PHP 5.3
Aktuelle Version: Keine stabile Version; alles in Entwicklung
Lizenz: keine Angabe

jWebSocket

Der jWebSocket Server ist ebenfalls in Java implementiert und ist gut für Server-zu-Client Streaming Lösungen und Serverkontrollierte Client-zu-Client Verbindungen geeignet. Zusätzlich werden einige Javascript Bibliotheken auf Clientseite mit vielen Beispielen zur Verfügung gestellt. Ein besonderes Feature stellt die jWebSocket Flashbridge dar, womit eine Cross-Browser Kompatibilität gewährleistet wird, da die Socket-Kommunikation über ein Flashplugin läuft, wenn keine HTML5 WebSockets beim Client verfügbar sind.[35]

---

[33] Vgl. W., 2009
[34] Vgl. Kaiser, 2010
[35] Vgl. jWebSocket Community Project, Gründer: Alex Schulze, 2010

Grundlage: Java

Aktuelle stabile Version: 0.10.0818

Lizenz: GNU LGPL V. 3.0

Unterstütze Betriebssysteme: jedes Betriebssystem auf dem eine Java VM läuft

Mojolicious Mojolicious ist ein Framework für Perl, dass eine Menge nützlicher Funktionen bereitstellt, um Serverapplikationen zu implementieren. Unter anderem sind Funktionen für HTTP, WebSockets, IPv6, JSON XML, CGI, FastCGI und weitere enthalten. Es wird bis auf Perl 5.8.7 nichts weiter benötigt.[36]

Grundlage: Perl

Aktuelle Version: 1.33

Lizenz: GNU General Public License

Unterstütze Betriebssysteme: Windows, Linux, Unix, Mac OS X

Glassfish Glassfish Server Open Source ist eine Java EE 6 Server Applikation und basiert auf dem Source Code des Sun Java System Application Servers PE 9 von Sun Microsystems und Oracle. Die Server Applikation nutzt das OSGi-Framework, ist sehr modular aufgebaut, stark erweiterbar und daher sehr skalierbar. Seit Version 3.1 unterstützt auch GlassFish WebSockets.[37]

Grundlage: Java 6

Aktuelle Version: 3.1

Lizenz: CDDL Version 1.0

Unterstütze Betriebssysteme: Windows, Linux, Unix, Mac OS X

PyWebSocket PyWebSocket besteht aus zwei Komponenten. Zum Einen existiert eine Standalone Applikation und zum Anderen eine Erweiterung für den Apache HTTP-Server. Dieser Server ist einer der wenigen, der momentan neben draft 75 und 76 auch die neueste Version des WebSocket-Protokolls draft-ietf-07 unterstützt. PyWebSocket ist ein in Python geschriebenes Modul und wird von Google Inc. veröffentlicht.[38]

Grundlage: Python (min. Version 2.3 erforderlich)

Aktuelle Version: 5.2

Lizenz: Nicht angegeben. Alle Rechte liegen bei Google Inc.

Unterstütze Betriebssysteme: Windows, Linux, Unix, Mac OS X

---

[36] Vgl. Mojolicious, o.J.
[37] Vgl. GlassFish » Community, 2011
[38] Vgl. http://code.google.com/p/pywebsocket/

gevent-websocket   Auch gevent-websocket ist eine Bibliothek für Python und ist als Erweiterung zur gevent networking library gedacht.[39]

Grundlage: Python (min. Version 2.4 erforderlich)

Aktuelle Version: 0.2.3

Lizenz: BSD license

Unterstütze Betriebssysteme: Windows, Linux, Unix, Mac OS X

Kaazing Gateway   Die ebenfalls für Java entwickelte Server-Applikation Kaazing Gateway, stellt eine Besonderheit bei den Servern dar. Nicht nur WebSockets sondern auch alle Ajax-Techniken, die eine bidirektionale Kommunikation simulieren, werden mit dieser Technologie unterstützt. Ebenfalls ist es möglich mit Kaazing Verbindungen zu TCP-basierten Backend-Diensten wie JMS, JMX, IMAP oder Jabber herzustellen, ohne komplexe serverseitige Prozeduren zu implementieren. Die Serverimplementierung und die zugehörigen clientseitigen Javascript-Bibliotheken stellen eine Menge fertige Funktionen hierfür bereit.[40]

Grundlage: Java

Aktuelle Version: 3.1.6

Lizenz: Kaazing Developer License

Unterstütze Betriebssysteme: Windows, Linux, Unix, Mac OS X

node.js   node.js an sich ist ebenfalls keine Serverapplikation. Es ist ein eventgesteuertes I/O Framework und basiert auf der Javascript-Engine V8 von Google. Das Framework ist jedoch dafür ausgelegt, hoch skalierbare Netzwerkapplikationen, wie Webserver damit zu implementieren. Programme werden in Javascript geschrieben und auf dem Server ausgeführt. Anders als andere Server-Applikationen nutzt node.js keine Threads, sondern die Asynchronität von Javascript. Viele Core-Module, die direkt im Binärpaket kompiliert sind, helfen bei der Implementierung. Klassen für asynchronen Netzwerkzugriff, Zugriff auf das Dateisystem, Timer- und Buffer-Funktionen und viele andere können hierfür genutzt werden. Über eigene Module lässt sich node.js stark erweitern. Für einen Socket Server oder speziell eine WebSocket-Serverapplikation kann das Modul "net" verwendet werden.[41]

Grundlage: Javascript

Aktuelle Version: 0.4.8

Lizenz: MIT-License

---

[39] Vgl. http://pypi.python.org/pypi/gevent-websocket/
[40] Vgl. Kaazing Corporation, 2011
[41] Vgl. Joyent, Inc., 2010

Unterstütze Betriebssysteme: Windows, Linux, Unix, Mac OS X

Wie man an der Übersicht erkennen kann, sind alle für das Web wichtigen Technologien, Implementierungen oder Frameworks zur Implementierung für WebSockets vorhanden. Die Entwicklergemeinde hat somit eine breite Auswahl. WebSockets können also relativ schnell in bestehende Projekte integriert werden, da für die Implementierung keine neuen Sprachen gelernt werden müssen.

Kapitel 4

WebSockets auf Clientseite

4 WebSockets auf Clientseite

4.1 Allgemeine Implementierung

Die Implementierung auf Seite des Clients erfolgt mittels Javascript. Hierfür stellt die WebSocket-API einen Konstruktor, zwei Methoden und vier Eventlistener bereit. Um eine WebSocket-Verbindung aufzubauen, wird eine neue Instanz des WebSocket-Objekts wie folgt angelegt:

```
//Instanz erzeugen
var websocket = new WebSocket('ws://localhost:8000');
```

Der Konstruktor nimmt ein oder zwei Argumente entgegen. Bei dem ersten Argument handelt es sich um die URL des Servers, zu dem eine Verbindung aufgebaut werden soll. Die URL, die übergeben werden muss, beginnt mit der neuen Schema-Bezeichnung *ws* für eine ungesicherte und *wss* für eine gesicherte Verbindung. Optional kann als zweiter Parameter ein Subprotokoll übergeben werden.

Um auf jede Phase einer WebSocket-Verbindung reagieren zu können, müssen bzw. sollten die vier Eventhandler wie folgt implementiert werden:

```
//Eventlistener
websocket.onopen = function(event) {
        // Tue etwas, wenn die WebSocket-Verbindung hergestellt ist
        alert('Verbindung hergestellt.');
}

websocket.onerror = function(event) {
        // Tue etwas, wenn ein Fehler auftritt
        alert('Error');
}

websocket.onmessage = function(event) {
        // Tue etwas, wenn eine Nachricht ankommt
        alert('Empfangene Nachricht: ' + event.data);
}

websocket.onclose = function(event) {
        // Tue etwas, wenn die Verbindung geschlossen wird
        alert('Verbindung geschlossen.');
}
```

Der *onopen* Eventhandler kann dazu genutzt werden, um Informationen an den Nutzer zu liefern, wenn die Verbindung erfolgreich hergestellt wurde. Genauso gut können jedoch weitere Aktionen ausgeführt werden, sobald die WebSocket-Verbindung besteht. Eine Möglichkeit auf Fehler, die in Zusammenhang mit der WebSocket-Verbindung stehen, zu reagieren, bietet der *onerror* Eventhandler. Man kann ihn zum Beispiel für Fehlerausgaben nutzen. Der wohl wichtigste Handler ist *onmessage*. Dieser nimmt die Nachrichten vom Server entgegen. Mit dem Listener *onclose*, können weitere Aktionen ausgeführt werden, wenn die Verbindung geschlossen wird. Alle oben aufgeführten Codebeispiele nutzen anonyme Funktionen. Man kann dies daran erkennen, dass die Funktionen keinen Bezeichner besitzen. Die Funktionen können jedoch auch ausgelagert werden.

Um Daten von Clientseite an den Server schicken zu können, wird die Funktion *send()* genutzt. Daten, die gesendet werden sollen, müssen in einem UTF-8 String verpackt sein.

```
// send-methode
websocket.send('Daten die gesendet werden sollen.');
```

Um eine Verbindung zum Server korrekt zu schließen, wird die Methode close() verwendet.

```
// close-methode
websocket.close();
```

Diese teilt durch Senden der Bytes 0xFF 0x00 dem Server mit, dass die TCP-Verbindung geschlossen werden soll.

4.2 Der WebSocket Handshake

Der Nutzer und auch der Entwickler müssen sich auf Clientseite keine Gedanken um den Handshake machen. Die gesamte Abwicklung übernimmt in diesem Fall der Browser selbst. Mit der Erzeugung einer neuen WebSocket-Instanz beginnt der Browser die HTTP-GET-Anfrage an den Server zu senden. Hierfür überträgt er alle erforderlichen Informationen im Header. Der Server generiert aus den drei Informationen Sec-WebSocket-Key1, Sec-WebSocket-Key2 und der 8 Bit langen Zufallsfolge von Zeichen die Challenge Response. Der Browser erledigt dies ebenfalls und vergleicht die Antwort des Servers mit seinem generierten Schlüssel. Stimmt alles überein, ist der Handshake erfolgreich und die WebSocket-Verbindung kommt zustande.

4.3 Browserunterstützung

Momentan werden WebSockets von Opera ab Version 10.7 (standardmäßig ausgeschaltet), von Firefox ab Version 4 (Standardmäßig ausgeschaltet) und von allen Browsern, die auf Webkit[42] basieren, also z.B. Google Chrome ab Version 4.0 oder Apple Safari ab Version 5.0.0, unterstützt. Alle vier genannten Browser haben zur Zeit die Version 00[43] des WebSocket-Protokolls, auch als draft-hixie-thewebsocketprotocol-76 bekannt, implementiert. Frühere Versionen von Chrome und Safari haben die Version 75 implementiert, welche einen anderen Handshake vorschreibt.[44]

In der folgenden Tabelle ist zu sehen, welche Browser welchen WebSocket-Protokoll-Entwurf implementiert haben:

Protokoll-Version	Internet Explorer	Mozilla Firefox	Google Chrome	Safari	Opera
draft-hixie-thewebsocketprotocol-75			4	5.0.0	
draft-hixie-thewebsocketprotocol-76 / draft-ietf-hybi-thewebsocketprotocol-00		4.0 (disabled)	6	5.0.1	10.70 (disabled)

---

[42] WebKit ist eine freie HTML-Rendering-Bibliothek, auf deren Grundlage ein Webbrowser entwickelt werden kann. (http://de.wikipedia.org/wiki/WebKit)
[43] http://tools.ietf.org/html/draft-ietf-hybi-thewebsocketprotocol-00
[44] Vgl. Pieters, 2010

Protokoll-Version	Internet Explorer	Mozilla Firefox	Google Chrome	Safari	Opera
draft-ietf-hybi-thewebsocketprotocol-06	HTML5 Labs[45]	dev[46]			
draft-ietf-hybi-thewebsocketprotocol-07	6.0 (Alpha)[47]				

Tabelle 2 Übersicht welcher Browser welchen WebSocket-Protokoll-Entwurf unterstützt

4.4 Bekannte Sicherheitslücke

Die bisher einzig bekannte Sicherheitslücke in Verbindung mit WebSockets wurde in dem Paper *Transparent Proxies: Threat or Menace?* von Lin-Shung Huang, Eric Y. Chen, Adam Barth, Eric Rescorla und Collin Jackson im November 2010 beschrieben. Den Autoren war es in ihrem Experiment gelungen, den Cache eines transparenten Proxy-Servers zu manipulieren.

Das Kernproblem ist, dass eine gewisse Anzahl von transparenten Proxies den HTTP-Upgrade-Mechanismus nicht verstehen und deshalb nicht erkennen können, dass die gesendeted Bytes vom Angreifer kein HTTP sind. Somit behandeln diese Proxies die Bytes als nachträgliche HTTP-Anfragen, womit es dem Angreifer möglich ist, eine Firewall zu umgehen und Schadcode in den Cache des Proxies einzuschleusen. Um zu demonstrieren, dass dieses Problem tatsächlich in der Praxis umzusetzen ist, haben die Autoren präparierten Javascript-Code für Google Analytics in den Proxy-Cache eingeschleust. Somit wurde der manipulierte Code bei allen weiteren Anfragen an den Proxy-Server an die Clients ausgeliefert. Wenn dies einem Angreifer gelingt, schlussfolgerten die Autoren, sei es möglich 57 % der Top 10.000 Websites zu infizieren.[48]

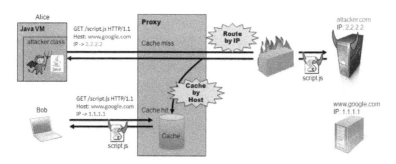

Abbildung 4-1 Cache Poisoning Attack (Cache Vergiftung)[49]

Dieses Sicherheitsleck ist jedoch per se kein Problem der WebSockets, sondern ist den Caching-Proxies geschuldet, die von Clientseite aus genutzt werden. In dem Paper der Autoren wird erwähnt, dass auch Flash- und Java-Sockets von dem Problem betroffen sind.

---

[45] http://blogs.msdn.com/b/interoperability/archive/2011/03/11/latest-websockets-release-interoperates-with-eclipse-s-jetty.aspx
[46] http://www.ietf.org/mail-archive/web/hybi/current/msg06854.html
[47] https://bugzilla.mozilla.org/show_bug.cgi?id=640003
[48] Vgl. Huang, Chen, Barth, Rescorla, & Jackso, 2010
[49] Abbildung aus Huang, Chen, Barth, Rescorla, & Jackso, 2010, S. 5

Als dieses Problem Ende 2010 veröffentlicht und diskutiert wurde, haben unter anderem Opera und Mozilla beschlossen, WebSockets in den offiziellen Releases vorerst nicht zu unterstützen. Die WebSocket-Funktion wurde bei den Browsers jedoch nicht aus dem Kern entfernt, sondern lediglich deaktiviert. Hieran ist zu erkennen, dass die Hersteller der Browser und auch die IETF bemüht sind, Lösungen für dieses Problem zu finden.[50]

---

[50] Vgl. Shankland, 2010

Kapitel 5

Alternativen zur Verwendung
von WebSockets

5 Alternativen zur Verwendung von WebSockets

5.1 Ajax

Im Gegensatz zu klassischen Webapplikationen mit synchroner Datenübertragung wie in Kapitel 2.3 beschrieben, handelt es sich bei der Ajax-Anwendungen um asynchrone Webapplikationen. In Ajax-Webanwendungen gilt der Leitspruch „Nachladen statt Neuladen".

Das Apronym Ajax setzt sich aus den Worten *A*synchronous *J*avaScript *a*nd *X*ML zusammen, was maßgeblich von Jesse James Garrett aus San Francisco im Jahr 2005 in seinem Essay *Ajax: A New Approach to Web Applications*[51] geprägt wurde. Ajax-Anwendungen müssen jedoch nicht zwingend asynchron sein und XML ist ebenfalls keine Pflicht, weshalb mittlerweile auch Garrett von diesem Apronym abgekommen ist und Ajax eher als feststehender Begriff verwendet wird.[52] Hinter diesem Konzept, welches mehrere Technologien miteinander verbindet, jedoch ohne Plugins also nativ im Browser funktioniert, verbirgt sich ein sehr einfaches aber effektvolles Instrument, wie Internetseiten ohne das Neuladen verändert werden können.

5.1.1 Grundlage

Obwohl erstmals 2005 der Begriff Ajax benutzt wurde, ist die Technik, die dahinter steckt, wesentlich älter. Voraussetzung hierfür schaffte Microsoft[53] im Jahr 1999. Ziel war es damals, das E-Mail- und Organizer-Programm Outlook, ins Internet zu übertragen. Da Outlook eine Desktop-Anwendung ist, sollte sich diese auch im WWW so *verhalten und anfühlen*. So implementierte Microsoft in der Version 5 des Internet Explorers ein ActiveX-Objekt namens XMLHTTPRequest, womit es möglich wurde, eine HTTP-Anfrage an einen Server zu stellen, ohne dass eine Seite neugeladen werden musste.

Andere Browser-Hersteller konnten das ActiveX-Objekt natürlich nicht nutzen und implementierten in den folgenden Jahren das XMLHTTPRequest-Objekt nativ in ihren Browsern. Laut einer Studie von Net Application[54], die im November 2005 durchgeführt wurde, unterstützten 99 Prozent aller verwendeten Browser das XMLHTTPRequest - Objekt.[55]

Bis dato war das XMLHTTPRequest – Objekt jedoch nicht standardisiert. Erst seit April 2006 arbeitete eine W3C-Arbeitsgruppe an einem Standard. Und erst seit 03. August 2010[56] ist es tatsächlich ein W3C-Standard und eine Empfehlung zur Implementierung an alle Browser-Hersteller.

5.1.2 XMLHTTPRequest – Objekt

XMLHTTPRequest, kurz und folgend XHR genannt, ist eine API, die in Form eines Objektes in Javascript zur Verfügung steht. Mit dieser API ist es möglich über HTTP Daten zwischen Server und Client zu einem beliebigen Zeitpunkt ohne Page-Refresh auszutauschen. Bei einer Anfrage

---

[51] http://www.adaptivepath.com/ideas/e000385
[52] Wenz, 2010, S. 7
[53] Microsoft Corporation (http://www.microsoft.com) ist ein multinationaler Software-Konzern mit Hauptsitz in Redmond, US-Bundesstaat Washington, USA
[54] http://www.netapplications.com/
[55] Vgl. Wenz, Programmieren mit ASP.NET AJAX, 2007, S. 46
[56] http://www.w3.org/TR/XMLHttpRequest/

über ein XHR-Objekt können sämtliche HTTP-Methoden wie beispielsweise GET, POST, HEAD und PUT genutzt werden.

Hat der Client eine Anfrage an den Server gestellt, kann dieser Daten in Form von reinem Text (Plaintext) oder XML zurücksenden.

```
«interface»
XMLHTTPRequest

- onreadystatechange: Function
- readyState: short
- responseText: DOMString
- responseXML: Document
- status: short
- statusText: DomString

+ abort() : void
+ getAllResponseHeaders() : DOMString
+ getResponseHeader(DOMString) : DOMString
+ open(DOMString, DOMString) : void
+ open(boolean, DOMString, DOMString) : void
+ open(DOMString, boolean, DOMString) : void
+ open(DOMString, DOMString, boolean, DOMString, DOMString) : void
+ send(DOMString) : void
+ send(Document) : void
+ setRequestHeader(DOMString, DOMString) : void
```

Abbildung 5-1 Interface des XMLHTTPRequest-Objekts laut W3C-Standard

Die Implementierung im Browser per Javascript ist recht einfach. Wie man in Abbildung 6-1 sehen kann, bietet das Interface eines XHR-Objekts eine übersichtliche Anzahl an Eigenschaften und Methoden. Das folgende Beispiel soll zeigen, wie einfach es ist, mit dem XMLHTTPRequest-Objekt per Javascript eine asynchrone Datenübertragung zu bewerkstelligen.

```javascript
//Instaziierung eines XHR-Objekts in Chrome, Firefox, Opera, Safari etc.
var xmlHttpRequest = new XMLHttpRequest();

// Wenn Instanz korrekt
if(xmlHttpRequest) {
    // Http-Verbindung öffnen
    xmlHttpRequest.open('GET', 'data.xml', true);
    // Eventhandler an Attribute binden
    xmlHttpRequest.onReadyStateChange = readyStatehandler;
    // Request absenden
    xmlHttpRequest.send(null);
}
// Eventhandler Funktion für Attribut onReadyStateChange
function readyStatehandler() {
    var xhr = xmlHttpRequest;
    //Datenübertragung beendet?
    if(xhr.readyState < 4) {
        return false;
    } else {
        //Datenübertragung erfolgreich?
        if(xhr.status == 200 || xhr.status == 304) {
            // Daten ausgeben, da Übertragung erfolgreich
        } else {
            //Fehlermeldung und Statuscode ausgeben
        }
    }
}
```

Listing 5-1 Code-Beispiel für die Erzeugung und Absendung eines XMLHTTPRequest-Objekts

5.1.3 Asynchron nicht Asynchron?

Asynchron in dem Begriff Ajax lässt mehr vermuten, als tatsächlich dahinter steckt. Die Datenübertragung zum oder vom Server findet zwar asynchron zur Nutzereingabe statt, jedoch arbeitet das XMLHTTPRequest-Objekt auch nur synchron. Wenn eine Nachricht an den Server per XHR abgesendet wird, kann das Objekt, bis eine Antwort vom Server eingetroffen ist, nicht für weitere Datenübertragungen genutzt werden. Da auch die Anzahl der HTTP-Verbindungen laut HTTP-Spezifikation zwischen Server und Client auf maximal zwei beschränkt ist, können in einer Ajax-Applikation rein theoretisch nicht mehr als zwei XHR-Objekte zur gleichen Zeit genutzt werden. Google Chrome, Mozilla Firefox und Apple Safari haben jedoch Techniken implementiert, so dass auch mehrere, maximal jedoch sechs Verbindungen pro Host, möglich sind.

5.2 Techniken um eine bidirektionale Kommunikation zu simulieren

Mit HTML5 WebSockets ist es nun möglich eine bidirektionale und recht verzögerungsfreie Kommunikation zwischen Client und Server zu erzeugen. Es ist möglich, dass der Server direkt Nachrichten an den Client senden kann, wenn neue Informationen vorliegen. Bis WebSockets jedoch in allen Browsern etabliert sind und die Technik für die breite Internetgemeinschaft zur Verfügung steht, wird es noch eine Weile dauern.

Als es mit dem Browser Netscape 2.0 im März 1996[57] möglich war, Java Applets in einen Browser einzubinden, wurde es auch möglich eine TCP-Socket-Verbindung über ein Java Applet zur direkten Kommunikation zwischen Client und Server zu nutzen. Für diese Kommunikation war jedoch immer ein Java Container als Plugin im Browser notwendig.

Mit Beginn des Ajax-Konzepts, entstanden auch schnell Ideen, wie eine bidirektionale Verbindung zwischen Client und Server auch ohne Plugins funktionieren kann. Der Vorteil dieser Techniken ist, dass der Benutzer wirklich nur seinen Browser ohne jegliche Zusatzsoftware benötigt.

Im folgenden Abschnitt werden Einige, die seit 2005 an zur Anwendung kommen, vorgestellt.

5.3 COMET

Der Überbegriff COMET steht für mehrere Technologien, die genutzt werden können, um langlebige HTTP Anfragen zu realisieren. Durch diese Technik muss nicht erst der Browser des Clients beim Server anfragen, ob neue Informationen vorhanden sind, sondern der Server kann direkt den Client benachrichtigen, was Grundvoraussetzung für eine bidirektionale Kommunikation ist.[58]

Der Begriff COMET vereinigt unter anderem die Begriffe Ajax Push, Reverse Ajax, Two-way-web, HTTP- Streaming oder Server Push oder ist unter diesen bakannt.

5.3.1 XHR-Long-Polling

Bei der Long-Polling Technik stellt der Client eine Anfrage an den Server über ein XHR-Objekt. Diese Anfrage öffnet eine persistente TCP-Verbindung wie sie laut HTTP Protokoll Version 1.1

---

[57] Netscape Communications Corporation, 1996
[58] Vgl. Smith, 2008

erlaubt ist. Diese Verbindung bleibt solange bestehen, bis der Server eine Nachricht an den Client gesendet hat und die Datenübermittlung erfolgreich verlief oder der Server die Verbindung aus Sicherheitsgründen nach einer gewissen Zeit trennt. Ist die Datenübertragung beendet, wird die TCP-Verbindung abgebaut und sofort eine neue langlebige Anfrage vom Client an den Server gestellt.[59] Abbildung 5-3 stellt das Prinzip graphisch dar.

Bei der Long-Polling Technik werden oft auch zwei TCP-Verbindungen gleichzeitig aufgebaut, so dass keine Verbindung blockiert ist, wenn eine von beiden Parteien gerade Daten übermittelt. Die Anzahl an gleichzeitigen Verbindungen zwischen einem Client und dem Server ist laut der HTTP 1.1. Spezifikation auf zwei beschränkt.[60]

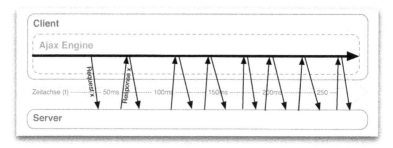

Abbildung 5-2 XHR-Long-Polling (Viele Requests vom Client an den Server)

Nachteil dieser Technik ist, dass eine respektive zwei permanente Verbindungen zum Server erhalten werden müssen, was zu einer hohen Last auf einem HTTP-Server führt, da dieser für solche Aufgaben meist nicht ausgelegt ist.

5.3.2 XHR-Streaming

Eine weitere Möglichkeit Daten an den Client zu senden, ohne dass dieser explizit anfragt, ist die XHR-Streaming Technik. Bei dieser Methode fragt der Client nur einmal beim Server an und dieser hält die Verbindung permanent offen. Sendet der Server nun Daten, ändert sich auf Clientseite der Status des XHR-Objektes (Eigenschaft: readyState) und die Daten können verarbeitet werden. Wenn alle Daten empfangen wurden, wird jedoch nicht wie bei der Polling Technik, die Verbindung getrennt, sondern aufrecht erhalten. Dadurch dass die Verbindung nicht abgebaut wird, steigt mit jeder Nachricht vom Server die Größe der Variable, in der die Nachricht enthalten ist. Sie muss bei jedem Ankommen neu geparst werden. Dies kann sehr aufwendig sein, desto größer die Nachricht wird und führt unter anderem zu Stabilitätsproblemen. Die Verbindung sollte daher regelmäßig zurückgesetzt werden, um diesem Problem vorzubeugen. Ein weiteres Problem bei dieser Technik ist, dass der Internet Explorer die gestreamten Ereignisse nicht erkennt und somit nicht verarbeiten kann.[61]

---

[59] Vgl. Souders, 2009, S. 112
[60] HTTP 1.1 Spezifikation von R. Fieldin, 1999, S. 31
[61] Vgl. Rodejohann, 2009, S. 12

5.3.3 Plugins

Bidirektionale Socket-Verbindungen auf TCP-Basis sind auch mit Browser-Plugins wie Adobe Flash, Java Applets oder Silverlight möglich. Jedoch sind diese im Sinne der COMET-Technologie nicht vorgesehen, da Benutzer die Webanwendungen ohne Plugins nutzen können sollen. [62]

5.4 Netzwerkbelastung im Vergleich

Wie in Listing 3-8 und 3-9 aus Kapitel drei zu sehen ist, haben HTTP-Messages einen großen Overhead zu den eigentlich zu übertragenden Daten. Bei einer WebSocket-Übertragung sind es jedoch nur 2 Byte pro Message. Der Overhead der HTTP-Messages aus Listing 3-8 und 3-9 ergeben zusammen 646 Bytes. Wenn man dies nun mit dem Overhead eines WebSocket-Frames vergleicht, ist die HTTP-Message 644 Bytes größer.

Hierzu ein kleines Rechenbeispiel: Man stelle sich eine Webapplikation vor, welche von einer bestimmten Menge an Personen gleichzeitig genutzt wird. Diese Webapplikation steht in zwei Varianten zur Verfügung. Zum Einen wird die Ajax-Polling-Technik und zum Anderen wird eine WebSocket-Verbindung genutzt.

Bei der Ajax-Polling-Technik fragt der Client jede Sekunde mit einer neuen HTTP-Anfrage (Request) beim Server an, ob neue Daten vorhanden sind, und dieser sendet die Daten dann an den Client zurück (Response). Jeder HTTP-Request-Response-Cycle ist 646 Bytes für den Header plus eigentlich zu übertragende Daten groß.

Gehen wir nun von folgenden drei Fällen aus:

- **Fall A:** 1.000 Nutzer fragen jede Sekunde beim Server an:
  der Netzwerkdurchsatz ist (646 Bytes x 1.000) = 646.000 Bytes = 5.168.000 Bits pro Sekunde → ca. 4,93 Megabit pro Sekunde

- **Fall B:** 10.000 Nutzer fragen jede Sekunde beim Server an:
  der Netzwerkdurchsatz ist (646 Bytes x 10.000) = 6.460.000 Bytes = 51.680.000 Bits pro Sekunde → ca. 49,29 Megabit pro Sekunde

- **Fall C:** 100.000 Nutzer fragen jede Sekunde beim Server an:
  der Netzwerkdurchsatz ist (646 Bytes x 100.000) = 64.600.000 Bytes = 516.800.000 Bits pro Sekunde → ca. 492,86 Megabit pro Sekunde

Wie zu erkennen, ist der eigentlich nicht benötige Netzwerkdurchsatz sehr hoch. Stellen wir uns nun die Webapplikation mit WebSockets umgesetzt vor:

- **Fall A:** 1.000 Nutzer erhalten jede Sekunde vom Server eine Message:
  der Netzwerkdurchsatz ist (2 Bytes x 1.000) = 2.000 Bytes = 16.000 Bits pro Sekunde → ca. 0,015 Megabit pro Sekunde

---

[62] Vgl. Wilkins, 2008

- **Fall B:** 10.000 Nutzer erhalten jede Sekunde vom Server eine Message:
  der Netzwerkdurchsatz ist (2 Bytes x 10.000) = 20.000 Bytes = 160.000 Bits pro
  Sekunde → ca. 0,153 Megabit pro Sekunde

- **Fall C:** 100.000 Nutzer erhalten jede Sekunde vom Server eine Message:
  der Netzwerkdurchsatz ist (2 Bytes x 100.000) = 200.000 Bytes = 1.600.000 Bits
  pro Sekunde → ca. 1,526 Megabit pro Sekunde

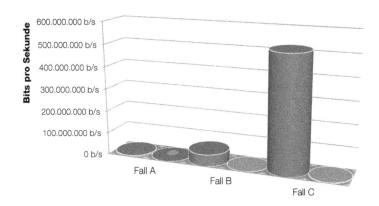

	Fall A	Fall B	Fall C
▪ HTTP-Polling-Technik	5.168.000 b/s	51.680.000 b/s	516.800.000 b/s
▪ Websocket	16.000 b/s	160.000 b/s	1.600.000 b/s

Abbildung 5-3 Vergleich des Overhead-Netzwerk-Durchsatzes zwischen WebSockets und HTTP-Polling

Wie man in Abbildung 6-4 erkennen kann, ermöglichen WebSockets eine drastische Reduktion von unnötigem Netzwerkverkehr im Vergleich zur HTTP-Polling-Technik.[63]

5.5 Vor- und Nachteile gegenüber WebSockets

Viele der oben aufgeführten COMET-Konzepte sind nicht optimal, wenn es um eine bidirektionale, verzögerungsfreie Kommunikation zwischen Client und Server geht. Teilweise produzieren diese Techniken viel überflüssigen Netzwerkverkehr, da in regelmäßigen Abständen neue TCP-Verbindungen aufgebaut werden. Hier ist eine WebSocket-Verbindung klar im Vorteil, da diese permanent besteht und nur die nötigen Informationen ausgetauscht werden.

Jedoch kann man diese Techniken durchaus als Alternative zu WebSockets bezeichnen. Viele Ansätze können für die meisten Browser implementiert werden, was den Vorteil hat, dass viele User die Webanwendungen basierend auf diesen Technologien nutzen können.

---

[63] Vgl. Lubbers & Greco, 2010

Da es sich bei den COMET-Ansätzen nicht um Standards handelt, es viele unterschiedliche Projekte und Implementierungen existieren und zum Teil nur die Bestrebung nach der Standardisierung einzelner Komponenten, wie zum Beispiel die Übertragung der Nachrichten[64] besteht, muss abgewartet werden, wie sich diese Techniken entwickeln werden. Ein weiterer einzigartiger Vorteil von WebSockets ist die Fähigkeit Proxies und Firewalls ohne Probleme durchqueren zu können, womit COMET-Anwendungen oft Probleme haben. Typische COMET-Anwendungen setzten das Long-Polling als rudimentäre Verteidigung gegen Firewalls und Proxies ein. Diese Technik ist zwar effektiv, jedoch erzeugen sie wie schon erwähnt einen hohen Netzwerkdurchsatz oder es können Antwortzeiten jenseits von 500 Millisekunden auftreten. Plugin-basierte Techniken wie Adobe Flash unterstützen zwar Sockets, jedoch kämpfen diese Techniken ebenfalls mit dem Proxy-Firewall-Traversal Problem. Ein WebSocket hingegen erkennt automatisch ob ein Proxy-Server zwischen Client und Server geschalten ist und baut einen Tunnel auf, um den Proxy zu durchqueren. Der Tunnel ist aufgebaut sobald ein HTTP CONNECTION Statement, welches an den Proxy-Server eine Anfrage zur Offenhaltung einer TCP/IP Verbindung zu einem spezifischem Host und Port darstellt, an den Proxy-Server gesendet wurde.[65] Da WebSockets jedoch oft den HTTP Port 80 oder 443 nutzen, was viele veranlasst hat das Protokoll „proxy server and firewall-friendly protocol"[66] zu nennen, haben WebSockets kein Problem mit Firewalls und Proxies.[67] Abbildung 5-5 zeigt eine beispielhafte Netzwerkarchitektur, die eine WebSocket-Verbindung durchqueren könnte.

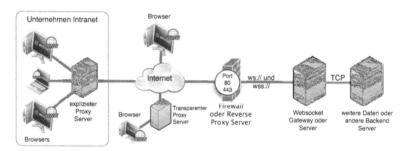

Abbildung 5-4 WebSocket Netzwerk Architektur mit explizitem und transparentem Proxy im Überblick[68]

---

[64] Rodejohann, 2009, S. 10
[65] Vgl. Smith, 2008, Kap. Firewalls and Proxies? No Problem
[66] Lubbers, InfoQ, 2010
[67] Vgl. Lubbers, InfoQ, 2010
[68] Eig. Darstellung in Anlehnung an Lubbers, InfoQ, 2010

Kapitel 6

Prototyp: Mehrbenutzer
Webapplikation

6 Prototyp: Mehrbenutzer Webapplikation

6.1 Die Idee

Um die Vorteile der WebSockets, die Schnelligkeit von Datenübertragungen, zu demonstrieren, ist eine Kollaborationssoftware bestens geeignet. Die Idee ist, eine Webanwendung zu schaffen, auf der mehrere Nutzer gleichzeitig die Möglichkeit haben, gemeinsam Ideen in Form von Bildern zu entwickeln. Die Webapplikation beinhaltet hierfür eine Zeichenfläche und ein kleines Chat-System. Auf der Zeichenfläche können alle User stets gleichzeitig agieren und ihre Gedanken in Form von freien Zeichnungen oder geometrischen Grundformen, wie Viereck oder gerader Linie darstellen. Die Besonderheit dieser Multiuser-Webapplikation ist natürlich, dass jeder Nutzer verzögerungsfrei sieht, was ein anderer gerade zeichnet. So kann sich über die Gedanken des Nutzers über das Chat-System ausgetauscht oder das Gezeichnete mit eigenen Zeichnungen ergänzt werden.

6.2 Anforderungen an den Prototyp

Um das Ziel für die prototypische Implementierung dieser Mehrbenutzer-Webanwendung zu definieren, die im Rahmen dieser Arbeit umgesetzt wird, werden folgende Anforderungen festgehalten, welche die Anwendung später beherrschen soll.

Die Hauptanforderung an das System ist ein einfach zu bedienendes User Interface. Der Nutzer soll nicht von unnötigen Funktionen „erschlagen" werden und sich schnell und einfach in der Webapplikation zurechtfinden. Alle wichtigen Funktionen sollen schnell und unkompliziert erreichbar sein.

Das Webanwendung soll nativ im Browser ohne zusätzliche Software und Plugins auskommen. Die ganze Software soll nur mit Javascript, HTML und CSS umgesetzt werden.

6.2.1 Messaging-System

Um es den Nutzern zu ermöglichen miteinander zu kommunizieren, soll ein kleines Messaging-System oder auch Chat in die Anwendung implementiert werden. Der Chat soll ebenfalls einfach zu bedienen sein. Somit soll nur ein Eingabefeld für den Nutzer existieren und ein Button, womit die Nachricht abgeschickt werden kann. Über dem Eingabefeld soll es eine Ansicht mit allen Nachrichten von allen Nutzern geben. In der Übersicht soll der Username des Nutzers, die Zeit, wann die Nachricht geschickt wurde und der eigentliche Nachrichtentext angezeigt werden. Weiterhin sollen sogenannte Status-Nachrichten angezeigt werden, z.B. wenn sich ein Nutzer an- oder abmeldet. Neue Nutzer, die dem System beitreten, sollen die letzten fünf Nachrichten, die bevor sie beigetreten sind geschrieben wurden, angezeigt bekommen. Somit ist ein einfacher Einstieg in die Gespräche möglich. Ein weiterer Bereich soll die Anzahl und die Usernamen aller Nutzer, die gerade online sind, anzeigen.

6.2.2 Zeichenfläche

Die größte Anforderung, die aus der Idee wie in Kapitel 6.1 beschrieben, resultiert, ist die Zeichenfläche des Programms, welche es dem Nutzer ermöglichen soll, mit anderen Ideen in Form von Zeichnungen auszutauschen. Alle Nutzer sollen gleichzeitig zeichnen können, ohne dass es zu großen Verzögerungen kommt.

6.2.3 Funktionen zum Zeichnen

Dem Nutzer soll es möglich sein, unterschiedliche Stile und Farben auf die Zeichenfläche zu bringen. Es soll hierfür eine Funktion geben, die Farbe des Pinsels bzw. der geometrischen Form zu ändern. Außerdem soll die Möglichkeit gegeben sein, Freihand, ein Viereck oder Linie in beliebiger Größe zu zeichnen. Eine weitere Funktion soll die Anpassung der Linienstärke sein. Dadurch, dass jeder Nutzer gleichzeitig zeichnet, ist es jedoch sinnvoll, die Stärke der Linie so zu begrenzen, dass nicht ein Nutzer eine Stärke von 200 oder mehr Pixeln einstellen kann und somit die gesamte Zeichenfläche mit einer Farbe färbt.

6.3 Wireframe / Layout

Die folgende Skizze der Applikation soll andeuten, wie der fertige Prototyp aussehen soll.

Abbildung 6-1 Wireframes des Prototyps

Auf der linken Grafik in Abbildung 6-1 sieht man die Webanwendung, wie sie initial aussehen soll, wenn der Nutzer die Seite betritt. Ruft er die Seite auf, erscheint eine Loginbox, in der er seinen Namen eintragen muss. Der Rest der Seite ist mit einem Overlay abgedunkelt.

Die rechte Grafik in Abbildung 6-1 zeigt den Aufbau der Webapplikation, wenn der Nutzer sich erfolgreich eingeloggt hat. Auf der linken Seite wird die Toolbar zu finden sein, mit der der Nutzer das Werkzeug auswählen kann, was er benutzen möchte. Es soll eine vertikale Anordnung von Symbolen sein, wie man es aus anderen Zeichen- oder Grafikprogrammen kennt. An erster Stelle soll sich der Button zum Zeichnen, auch Brush genannt, befinden. Gleich darunter soll der Nutzer die Breite des Striches auswählen können. Danach folgt das Werkzeug zum Zeichnen der geometrischen Formen und der Radiergummi, um das gezeichnete wieder entfernen zu können. Am unteren Ende der Toolbar wird es eine Box geben, mit der man die Farbe des Pinsels oder der geometrischen Form bestimmen kann.

Der Hauptteil der Anwendung, die Zeichenfläche, soll sich mittig befinden und wird die größte Fläche auf der Seite einnehmen. Am rechten und unteren Rand wird es einen Slider geben, womit der Nutzer die Möglichkeit hat, auf der Zeichenfläche zu navigieren. Die eigentliche Zeichenfläche wird somit größer als der dargestellte Bereich. Sie soll eine Größe von 1920 x 1080 Pixeln haben. Auf der rechten Seite der Anwendung wird das Messaging-System Platz finden. Im oberen Bereich sollen stets alle User angezeigt werden, die gerade online sind und die Anzahl der Nutzer. Darunter wird sich das eigentliche Chat-Fenster befinden. In diesem werden die von den Nutzern eingegebenen Nachrichten mit Zeitstempel und Username sichtbar sein. Am unteren Ende ist das Eingabefeld, mit der die Nutzer eine Nachricht absenden können. Hier sollen Sie die Möglichkeit haben, zu wählen, auf welche Art die Nachricht versendet werden soll. Entweder können Sie mit Klick auf den Senden-Button die Nachricht absetzen oder sie aktivieren das Häkchen neben dem Button, womit es möglich ist, die Nachricht mit der ENTER-Taste zu versenden.

Zusätzlich soll es eine Funktion geben, die Zeichen-History zu speichern, die Zeichenfläche mit einem Klick vollständig zu leeren oder das Bild zu speichern. Diese Funktionen sollen im oberen Bereich angezeigt werden, da so die beste Assoziation mit der Menüleiste eines Programms, in der normalerweise solche Funktionen zu finden sind, stattfindet.

6.4 Umsetzung / Implementierung

6.4.1 Browserunterstützung

Die Webanwendung ist für die Browser Chrome ab Version 11 und Safari ab Version 5 umgesetzt und optimiert, da diese beiden Browser WebSockets ohne Umwege unterstützen. Grundsätzlich funktioniert die Anwendung jedoch auch in Firefox ab Version 4 und Opera ab Version 10.70, jedoch müssen in diesen Browsern WebSockets erst aktiviert werden.

6.4.2 Serverseitige Implementierung

Die Serverapplikation wurde mit dem Framework node.js, die schon in Kapitel 3.8 erläutert wurde, umgesetzt. Auch wie auf Clientseite wird alles mittels Javascript implementiert. Hierfür wurde als Hilfsmittel das frei verfügbare Modul nodewebsocket[69] von Christian Ranz verwendet und nach den Anforderungen angepasst.

Diese Applikation für node.js ist so aufgebaut, dass sie recht einfach erweiterbar ist. In der Datei startserver.js, die ausgeführt werden muss, um den Server zu starten, sind alle wichtigen Komponenten für das Verwalten einer WebSocket-Verbindung enthalten. In dieser Datei wird der eigentliche Server mittels der von node.js bereitgestellten ‚net'-Bibliothek in einer anonymen Funktion initialisiert. Diese Funktion kümmert sich u.a. um den initialen Handshake und unterstützt Version 75 und 76 des draft-hixie-thewebsocketprotocols. Des weiteren werden vier Eventlistener *data*, *end*, *close*, *error* an die Socket-Verbindung angehängt und es kann somit auf die vier wichtigsten Ereignisse, nämlich das Ankommen von Daten, das Schließen der Verbindung, das Trennen der Verbindung und wenn Fehler auftreten, reagiert werden.

---

[69] https://github.com/ranzwertig/nodewebsocket

Alle Funktionen, die eigentlich dem Socket-Objekt angehören, werden dem Objekt namens Modul angehängt. Die Funktion ist so aufgebaut, dass es je nach dem welche WebSocket-URL aufgerufen wird, das richtige Modul aus dem Ordner /module/ lädt. Wird nun auf Clientseite ein WebSocket-Objekt mit der URL ws://localhost:8080/chat initialisiert, wird auf Serverseite die Datei chat.js im Ordner /module/ gesucht und eingebunden. In dem Modul müssen die vier Methoden *onConnect, onData, onClose und onError* (siehe Listing 6-1) implementiert werden.

```
var Module = this.Module = function() {};

Module.prototype.onConnect = function(connection) {
  // handle connect
};

Module.prototype.onData = function(connection) {
  // handle data
};

Module.prototype.onClose = function(connection) {
  // handle close
};

Module.prototype.onError = function(connection) {
  // handle an error
};
```

Listing 6-1 Modul-Methoden, die implementiert werden müssen

Alle vier Methoden bekommen ein Connection-Objekt aus der Server-Klasse übergeben, was folgende Eigenschaften und Methoden besitzt:

data – Daten, die über die Socket-Leitung angekommen sind.

remoteAddress - Die Remote-Adresse des Clients.

exception – Wenn eine Exception ausgelöst wurde.

function write(dataToWrite) – Die Methode um Daten zu schicken.

function end() – Die Methode um die Verbindung zu beenden.

socket – Das originale Socket-Objekt, was serverintern genutzt wird.

Für diesen Prototypen wurden, um eine höhere Skalier- und Erweiterbarkeit zu erreichen, zwei Module implementiert. Ein Modul für das Messaging-System und eins für die Zeichenfunktion der Anwendung. Beide Module haben die vier Methoden implementiert, die das Interface vorschreibt, um auf die ankommenden Daten zu reagieren. Abbildung 6-2 zeigt die Klassendiagramme der zwei Module.

Im Modul Chat wurden außer den vier Methoden noch weitere Funktionen implementiert, die für die Verwaltung der Socket-Leitungen hilfreich sind. Jeder Nutzer auf Clientseite besitzt einen eigenen Eintrag in dem Array *membersList*, der angelegt wird, wenn die Verbindung zustande gekommen ist. Dieser Eintrag beinhaltet das connection-Objekt, was von der Serverapplikation bereitgestellt wird. Um eine Socket-Verbindung einem Nutzer zuzuordnen, wird ebenfalls der Nickname, den der Nutzer beim Ankommen auf der Internetseite angeben muss, und eine eindeutige ID im connection-Objekt gespeichert. Die Methode *lastmessages()* ist für das Senden der letzten fünf Nachrichten verantwortlich, die der Nutzer zugesendet bekommt, kurz nach dem die Verbindung aufgebaut ist. Zum Senden von Daten existieren zwei Methoden. Die Methode *send()* ist dafür zuständig, eine Nachricht an einen einzelnen Teilnehmer zusenden, wohingegen die Methode *broadcast()* eine Nachricht an alle Teilnehmer, außer an diesen von dem die Nachricht stammt, sendet.

Das Modul Paint enthält ebenfalls ein Array, zum Verwalten der Connections. Auch hier wurden noch zusätzliche Methoden implementiert. Die Methode getUserList() ist dafür zuständig, einem neuen Nutzer eine Liste mit schon vorhanden Usern auf der Webseite zuzuschicken.

Beide Module enthalten zusätzlich eine Funktion, einen Nutzer zu entfernen, wenn dieser die Verbindung zum Server trennt, also die Webseite verlässt. Um keine überflüssigen Daten auf Clientseite bereitzuhalten, werden bestimmte Kommandos zu allen noch vorhanden Clients gesendet, um die Daten des Users, der die Verbindung getrennt hat, zu entfernen.

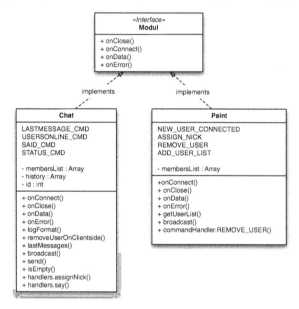

Abbildung 6-2 Klassendiagramm serverseitige Implementierung

6.4.3 Vor- und Nachteile von node.js

Der Grund, warum sich bei der Entwicklung dieses Prototyps für das Framework node.js entschieden wurde, ist denkbar einfach. Das junge Framework bietet viele hilfreiche Funktionen und eine mittlerweile große Community, die gerne hilft, um schnell das gewünschte Ziel zu erreichen. Z.B. ist ein einfacher HTTP-Server mit fünf Zeilen Code geschrieben[70]. Und genauso hält es sich auch mit einem WebSocket-Server. Es muss nur wenig implementiert werden, um das Ziel zu erreichen. Ein weiterer Vorteil an node.js ist, dass man nicht ständig zwischen verschiedener

---

[70] siehe Beispiel auf http://nodejs.org/

Syntax, also verschiedenen Programmiersprachen, wechseln muss und sich ganz auf Javascript konzentrieren kann.

Zum debuggen in node.js können die Funktionen console.log(), util.debug() oder util.log() zum Ausgeben auf der Konsole verwendet werden. Ein großer Nachteil bei der Implementierung ist jedoch, dass Fehlerausgaben oft ungenau sind und Javascript-Fehler oft sehr schlecht dokumentiert sind. Eine zentrale Anlaufstelle für Javascript Fehler wäre hier sehr hilfreich.

6.4.4 Clientseitige Implementierung und Umsetzung

Auch auf Clientseite wird zum größten Teil Javascript eingesetzt. Um eine übersichtlichere objektorientierte Implementierung und eine einfachere DOM-Manipulation zu gewährleisten, wurde auf Clientseite das frei verfügbare Javascript Framework Mootools[71] in Version 1.3.1 als Hilfsmittel eingesetzt. Mit diesem ist es möglich gewisse Funktionalitäten einfacher und effizienter zu implementieren, da im Kern schon viele nützliche Funktionen enthalten sind. Mit dem ‚More'-Paket von Mootools, was ebenfalls mit in das Projekt eingebunden wurde, werden weitere nützliche Tools wie z.B. das Formatieren von Daten oder die einfache Initialisierung eines Sliders (zu dt. Schieberegler) mitgeliefert.

Die Webanwendung kommt mit einer einzigen statischen HTML-Datei aus (index.html), in der alle wichtigen und benötigten Javascript-Dateien im <head> Bereich eingebunden werden. Die HTML-Struktur dieser Datei ist in zwei große Bereich geteilt. Der Kopfbereich der Seite enthält das Logo auf der linken Seite und Funktionen wie die Paint-History, das Leeren der Zeichenfläche und das Speichern des Bildes auf der rechten Seite. Im Content-Bereich befindet sich die Toolbar auf der linken Seite, die Zeichenfläche in der Mitte und das Messaging-System rechts auf der Seite wie in Abbildung 6-3 ersichtlich ist.

Abbildung 6-3 Aussehen des Prototyps nach Login des Nutzers

---

[71] http://mootools.net/

Alle Manipulationen an der Seite, die durch die Interaktion des Nutzers ausgelöst werden können, werden mittels Javascript bewerkstelligt.

Abbildung 6-4 zeigt die Webanwendung im initialen Zustand, wenn ein Nutzer die Webseite betritt. Mittig vom Browserfenster erscheint eine Loginbox. Hier muss der User seinen Nicknamen eingeben, der sowohl im Chat als auch auf der Zeichenfläche zur Anzeige seiner Mausposition genutzt wird.

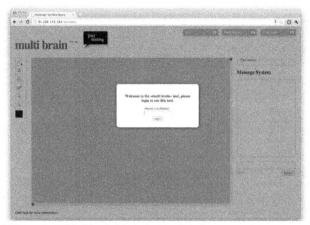

Abbildung 6-4 Initiale Seite; Ansicht der Loginbox beim Betreten der Webanwendung

Ist der gewählte Name valide (min. 3 und max. 25 Zeichen ist hierbei die einzige Beschränkung), werden die zwei wichtigsten Javascript-Klassen, die Mootools-Klasse *Painting* für das Zeichen-System und die Klasse *Messaging* initialisiert. Das Anlegen dieser beiden Objekt, geschieht in der Datei main.js. Sobald die Initialisierung und der Aufbau der WebSocket-Verbindung erfolgreich war, schließt sich die Loginbox und das Overlay und der Nutzer kann seiner Phantasie freien Lauf lassen und anfangen zu zeichnen und zu chatten.

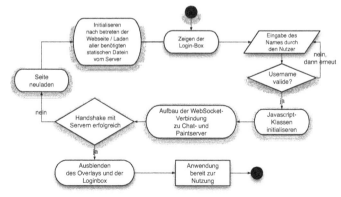

Abbildung 6-5 Aktivitätsdiagramm Login auf Clientseite

Abbildung 6-5 fasst den Vorgang des Logins noch einmal in einem Aktivitätsdiagramm zusammen.

6.4.4.1 Messaging-System

Die Javascript Klasse für das Messaging-System hat eine ganze Reihe an Methoden und Attributen, wie in Abbildung 6-6 zusehen ist. Die drei Hauptmethoden *onOpen()*, *onClose()* und *onMessage()* sind für die Verwaltung der WebSocket-Leitung bzw. der ankommenden und zusendenden Daten zuständig. Diese Methoden repräsentieren die Methoden des WebSocket-Interfaces, was das W3C in der WebSocket-API vorschreibt.

Legt man nun eine neue Instanz einer Mootools-Klasse an, wird intern in der Klasse die Methode *initialize()* aufgerufen. In dieser Methode in der Messaging-Klasse werden Eventhandler auf das Eingabefeld für das Chat-System und den Button zum Abschicken der Nachricht gelegt und die Methode *connect()* aufgerufen. Die Methode *connect()* instanziiert ein neues WebSocket-Objekt und bindet die WebSocket-Methoden an die Methoden der Klasse.

Da momentan nur UTF-8 kodierte Zeichenketten über eine WebSocket-Leitung gesendet werden können, werden alle Daten, die über die WebSocket-Leitung gesendet werden, vorher in ein JSON-Objekt gewandelt und anschließend in einen String kodiert, was mittels der Funktion *stringify()* des JSON-Objektes geschieht. Diese Aufgabe übernimmt die Methode *say()* in dieser Klasse.

Messaging
+ options : object + connection : boolean
+ initialize() + onPressEnterInMessageForm() + connect() + onClose() + onOpen() + onMessage() + onFormSubmit() + switchMessages() + say() + send() + formTime() + lastMessage() + usersOnline() + said() + status()

Abbildung 6-6 Klassendiagramm Messaging-System

Kommen Daten über die WebSocket-Leitung an, werden diese in der Methode *onMessage()* entgegen genommen und wieder in ein JSON-Objekt geparst und an die Methode *switchMessages()* weitergeleitet. Diese Methode unterscheidet nun zwischen verschiedenen Kommandos und führt dementsprechend unterschiedliche Funktionen aus. Ein Kommando ist z.B. das Ankommen einer Status-Nachricht oder einer Chat-Nachricht eines anderen Nutzers sein.

6.4.4.2 Zeichenfläche

Das System und die Klasse für das Zeichnen ist noch ein bisschen aufwendiger und größer, da hier mehr Funktionalität abgedeckt werden muss als beim Messaging-System. Abbildung 6-7 zeigt das Klassendiagramm der Klasse Paint, die für die Funktionen der Zeichenfläche zuständig ist.

Die Zeichenfunktion, das Hauptelement der Anwendung, wird mit dem HTML5 <canvas>-Element umgesetzt. Dieses Element ist ebenfalls wie das WebSocket-Element recht neu und ermöglicht die Erstellung von Grafiken mittels Javascript nativ im Browser. Auch für dieses Objekt wurde eine API von der W3C entwickelt und steht auf der Internetseite der W3C bereit.[72] Die API stellt Methoden und Eigenschaften zum Zeichnen von Linien, Rechtecken, Kreisen, Bezier-Kurven etc. bereit. Es können mittels Javascript Bilder in die Grafik eingebettet werden und vieles mehr. Für diesen Prototyp werden jedoch nur einige Funktionen des <canvas>-Elements benötigt. Eine vollständige Liste mit allen Funktionen befindet sich auf der Internetseite des W3C.

---

[72] http://dev.w3.org/html5/2dcontext/

Das Wichtigste in der Zeichenfunktion ist jedoch auch die Datenübertragung. Bei einer größeren Anzahl an Nutzern, die auf der Fläche zur gleichen Zeit zeichnen, können eine Menge Daten anfallen und müssen somit effizient behandelt und übertragen werden. Da jeder User möglichst verzögerungsfrei sehen soll, was ein Anderer gerade zeichnet, müssen eine Menge Mauskoordinaten übertragen werden. Um die WebSocket-Leitung nicht permanent dauer zu belasten, wird in dieser Klasse zur Übertragung der Daten mit der Javascript Intervallfunktion *setInterval()* gearbeitet. Die Daten, die an andere Nutzer gesendet werden müssen, werden in dem Array *commandList* gesammelt und alle 60ms versendet. Somit ist die Datenmenge pro Sende-Zyklus größer. Der Grund für diese Art der Übertragung ist jedoch die Erkenntnis aus dem Geschwindigkeitstest aus Kapitel 3.6.4. Hier wurde festgestellt, dass die Geschwindigkeit nur unwesentlich langsamer wird, wenn mehr Daten auf einmal gesendet werden.

Die Mauskoordinaten jedes Nutzers sind die einzigen Daten, die permanent an alle anderen Nutzer übertragen werden, solange sich der Mauszeiger über der Zeichenfläche befindet. Aktiviert oder Deaktiviert der Nutzer ein Tool, z.B. das Pinsel-Werkzeug, drückt die linke Maustaste oder lässt sie wieder los, wird einmalig pro Aktion ein bestimmtes Kommando an die anderen Nutzer gesendet. Diese Information wird bei jedem Teilnehmer in einem User-Objekt gespeichert.

Um beim freien Zeichnen mit dem Pinsel-Werkzeug Ressourcen zu sparen, werden in diesem Modus nur die Differenz-Koordinaten übertragen. Somit können mindestens zwei bis vier Byte pro Mausbewegung gespart werden.

Auf Clientseite wurde zusätzlich ein kleines PHP-Script eingebunden und implementiert, was es ermöglicht, die von den Nutzern erstellten Bilder auf dem Server zu speichern und dem Nutzer bequemer per Download anbieten zu können.

Painting
+ options : object
+ websocket : HTMLElement
+ userList : object
+ commandList : Array
+ context : HTMLElement
+ imageHistoryPoints : Array
+ connection : boolean
+ user: object
+ initialize()
+ setupCanvas()
+ setupGui()
+ setupTempCanvas()
+ attachEvents()
+ initBroadcastInterval()
+ connect()
+ onOpen()
+ onClose()
+ onMessage()
+ onError()
+ onCanvasMouseDown()
+ onSiteMouseUp()
+ onCanvasMouseMove()
+ onDocumentKeyDown()
+ setUserPosition()
+ addUser()
+ setUserStyle()
+ removeUser()
+ broadcastCommands()
+ buttonClearCanvas()
+ clearCanvas()
+ clearTempCanvas()
+ draw()
+ drawRect()
+ drawLine()
+ savePicture()
+ makeHistoryPoint()
+ showdrawArcRect()
+ setBrush()
+ setColor()
+ setDrawRect()
+ setDrawLine()
+ setEraser()
+ showLineWidthSlider()
+ setupLineWidthSlider()
+ initScrollSliderCanvas()
+ zoomOut()
+ zoomIn()

Abbildung 6-7 Klassendiagramm der Klasse Paint für den Prototyp auf Clientseite

6.4.5 Zusammenfassung der verwendeten Hilfsmittel

Für die Umsetzung des Prototyps dieser Arbeit wurden folgende freie Hilfsmittel verwendet:

Clientseitig:

- Mootools Core & More v. 1.3.1[73]
- Icon für Brush, Zoom In, Zoom Out und Eraser[74]
- jscolor, JavaScript Color Picker von Jan Odvarko[75]
- Mootools Class: Overlay von David Walsh[76]
- Ajax loading GIF in Loginbox[77]

Serverseitig:

- node.js Modul *nodewebsocket*[78] von Christian Ranz als Basis für die Server-Applikation
- Date Format 1.2.3 von Steven Levithan[79]
- Colored.js von Chris Lloyd[80]

6.5 Evaluierung

In Kapitel 6.2 wurden die Anforderungen an die Software festgelegt und näher erläutert. Nach der Implementierung hat sich nun gezeigt, dass die zuvor definierten Anforderungen, in eine konkrete Implementierung übertragbar sind. Die Software erfüllt somit durchaus die gestellten Anforderungen.

Da dieser Prototyp jedoch nur eine rudimentäre Umsetzung zu einer vollständigen und produktiv einsetzbaren Softwarelösung zusehen ist, kann noch in mancher Hinsicht einiges verbessert, optimiert oder erweitert werden. Ein paar dieser Verbesserungen und Erweiterungen werden folgend kurz vorgestellt:

- Für einen professionelleren Nutzerkreis könnte eine Art Session Management implementiert werden. Ein Hauptnutzer kann somit einen speziellen Raum anlegen und für diesen einen Schlüssel generieren, womit nur ausgewählte Nutzer Zugriff hätten, wie es zum Beispiel von dem Onlinedienst für Terminfindung Doodle®[81] bekannt ist.
- Es könnte ein Rechtesystem implementiert werden, dass erst ein Hauptnutzer Schreibrechte auf der Zeichenfläche erteilen muss, bevor ein Nutzer zeichnen kann.
- Die History-Funktion könnte Nutzer-spezifisch ausgebaut werden. Somit könnte ein Nutzer die Zeichnungen eines anderen Nutzers einfach ein- oder ausblenden
- Der Javascript-Code könnte für spürbare Performance Verbesserungen überarbeitet und optimiert werden. Einige Funktionen, Eigenschaften und Methoden in den

---

[73] http://mootools.net/
[74] http://famfamfam.com/
[75] http://jscolor.com
[76] http://mootools.net/forge/p/overlay
[77] http://www.ajaxload.info/
[78] https://github.com/ranzwertig/nodewebsocket
[79] http://blog.stevenlevithan.com/archives/date-time-format
[80] https://github.com/chrislloyd/colored.js
[81] http://doodle.com/

unterschiedlichen Klassen auf Server- und Clientseite doppeln sich zum Teil, die zusammengefasst und vereinfacht werden könnten.

- Außer der einfachen Pinsel-Funktion könnten weitere Pinselstile für effektvollere Zeichnungen implementiert werden.

Um abschließend auf die erste Zielsetzung bzw. Frage dieser Arbeit einzugehen, ob es möglich ist basierend auf einem HTML5 WebSocket und einem dafür geeigneten Server eine wenig aufwendige Implementierung einer verzögerungsfreien Kommunikation zwischen vielen Clients zu ermöglichen, kann an dieser Stelle mit Ja beantwortet werden. Der Aufwand für die Implementierung der reinen Kommunikationsebene mittels WebSockets ist recht gering. Die WebSocket-API stellt nur vier Methoden und ein paar Attribute bereit, was die Implementierung recht übersichtlich hält. Mit ein paar Zeilen Code Javascript auf Clientseite und dem geeigneten und fertigen Server auf der Gegenseite, kann sehr schnell eine funktionsfähige bidirektionale Kommunikation zwischen Server und Client bzw. vielen Clients geschaffen werden.

Kapitel 7

Zusammenfassung

7 Zusammenfassung

Ziel dieser Bachelorarbeit war es, alle Grundlagen und Details für eine softwaretechnische Implementierung von Webapplikationen, die HTML5 WebSockets nutzen, vorzustellen. Dazu wurden zu Anfang in Kapitel zwei alle nötigen Grundlagen, die zum Verstehen der Datenübertragung im Internet nötig sind, erläutert. Die technische Basis, auf denen WebSockets aufbauen, wurde in Kapitel drei näher erläutert. Konkret wurde auf die Protokoll-Spezifikationen, die Javascript API des WebSocket-Objektes und der Vorgang des initialen Server-Handshakes eingegangen. Eine Untersuchung wie WebSocket-Verbindungen unter Lastsituationen reagieren und wie schnell Datenübertragungen unter Verwendung von WebSockets wirklich sind, zeigen die Tests und Ergebnisse aus Kapitel 3.6 und 3.7. Eine Übersicht über mögliche Server-Technologien wurde ebenfalls dargestellt.

Alternative Lösungen für WebSockets existieren schon länger als WebSockets selbst und sind durchaus verwendbar, wie in Kapitel fünf zusammengefasst wurde. Der Einsatz des Ajax-Konzepts, dass Teile einer Webseite nachgeladen werden, ist ein enormer Vorteil für heutige Webseiten. So ‚fühlen' sich Internetanwendungen schneller an und der Benutzer bekommt ein reaktionsfreudigeres Interface präsentiert. Für Webanwendungen die Aufgaben, wie das Nachladen von Bildern, das Speichern von Nutzereingaben, das Auswerten von Formulardaten oder die vorzeitige Anzeige von Suchergebnissen während der Eingabe nutzen, ist die asynchrone Datenübertragung per Ajax gut geeignet. Wenn es an Aufgaben geht, wo viele Nutzer an einer Anwendung gemeinsam arbeiten, wie zum Beispiel in Chats, Zeichenprogrammen oder allgemein Kollaborationssoftware, wo viele Daten vieler Nutzer in kleinen Zeitabständen aktualisiert und den anderen Nutzern präsentiert werden müssen, ist die Verwendung von einer WebSocket-Verbindung geeigneter. Auch die immer mehr gelobten Push-Anwendungen im Web, also dass auch Webserver Informationen an den Client senden können, ohne dass dieser vorher explizit anfragt, sind mit WebSockets leichter und Netzwerkschonender umzusetzen. Es lässt sich also aufgrund der Erfahrungen, die aus dieser Arbeit gezogen werden können, zusammenfassen, dass die bisherigen Wege wie die Ajax und Comet-Technik für bestimmte Aufgaben durchaus gut nutzbar sind, jedoch der Aufwand, um eine bidirektionale Kommunikation zwischen Server und Client zu simulieren, zu hoch und die Implementierung von WebSockets wesentlicher einfacher ist. Der momentan größte Hindernis bei der Implementierung von WebSockets ist jedoch, dass noch nicht alle Browser WebSockets einheitlich bzw. überhaupt unterstützen.

Für die Zukunft stellt sich bei dieser neuen Technologie die Frage, in welche Richtung sie sich entwickeln wird und welche weiteren Eigenschaften genutzt werden könnten. Der momentane Stand der WebSockets ist jedoch schon jetzt eine zukunftsweisende Technologie für kommende Webanwendungen und deren Wirkungsgrade.

Abkürzungsverzeichnis

ACK	Positive Acknowledgement with Re-Transmission
Ajax	Asynchronous JavaScript and XML
API	Application Programming Interface
CGI	Common Gateway Interface
CSS	Cascading Style Sheets – eine deklarative Sprache für Stilvorlagen von strukturierten Dokumenten wie HTML oder XML.
DOM	Das Document Object Model (DOM) ist die Spezifikation einer Schnittstelle für den Zugriff auf HTML- oder XML-Dokumente. Sie wird vom World Wide Web Consortium definiert.
FastCGI	Erweiterung des CGI, um Performance-Probleme zu umgehen
FTP	File Transfer Protocol
HTML	HyperText Markup Language
HTTP	Hyper Text Transport Protocol
IP	Internet Protocol
JAVA VM	Java Virtual Machine
JS	Javascript
JSON	JavaScript Object Notation
KB	Kilobyte
OS	Operating System (zu deutsch: Betriebssystem)
RFC	Requests for Comments (zu deutsch: Bitte um Kommentare) sind technische und organisatorische Dokumente zum Internet, die am 7. April 1969 begonnen wurden.
RTT	Round Trip Time (auch Paketumlaufzeit genannt)
TCP	Transmission Control Protocol
UDP	User Datagram Protocol
W3C	World Wide Web Consortium
WWW	World Wide Web
XHR	XMLHTTPRequest
XML	Extensible Markup Language

Abbildungsverzeichnis

Code-Verzeichnis

Tabellenverzeichnis

Literaturverzeichnis

Carl, D. (2006). *Praxiswissen Ajax* (1. Ausg.). Köln: O'Reilly Verlag.

Cisco Systems. (2002). *Cisco Networking Academy Program* (10. Ausg.). (C. Alkemper, Übers.) München: Markt+Technik Verlag.

Comer, D. E. (2003). *TCP/IP Konzepte, Protokoll, Architekturen* (4. Ausg.). (I. Travis, Übers.) Bonn: mitp-Verlag.

Garrett, J. J. (18. 02 2005). *adaptive path*. Abgerufen am 20. 04 2011 von Ajax: A New Approach to Web Applications: http://www.adaptivepath.com/ideas/e000385

GlassFish » Community. (02 2011). *GlassFish » Community*. Abgerufen am 22. 05 2011 von GlassFish » Community: http://glassfish.java.net/

Hickson (Google Inc.), I. (23. 05 2010). *The WebSocket protocol draft-ietf-hybi-thewebsocketprotocol-00*. Abgerufen am 27. 04 2011 von The Internet Engineering Task Force (IETF): http://tools.ietf.org/html/draft-ietf-hybi-thewebsocketprotocol-00

Holtkamp, H. (14. 02 2002). *Universität Bielefeld - EINFÜHRUNG IN TCP/IP*. Abgerufen am 05. 04 2011 von http://www.rvs.uni-bielefeld.de/~heiko/tcpip/tcpip.pdf

Huang, L.-S., Chen, E. Y., Barth, A., Rescorla, E., & Jackso, C. (26. 11 2010). *Adam Barth*. Abgerufen am 21. 05 2011 von Transparent Proxies: Threat or Menace?: http://www.adambarth.com/experimental/websocket.pdf

Ian Hickson (Google, I. (25. 05 2011). *World Wide Web Consortium (W3C)* . Abgerufen am 02. 06 2011 von HTML5 - A vocabulary and associated APIs for HTML and XHTML: http://www.w3.org/TR/2011/WD-html5-20110525/

Ian Hickson, G. I. (12. 04 2011). *World Wide Web Consortium (W3C)*. Abgerufen am 12. 04 2011 von The WebSocket API: http://dev.w3.org/html5/websockets/

Jha, S. (30. 12 2010). *Xebee*. (Xebia IT Architects India Private Limited) Abgerufen am 09. 05 2011 von Understanding WebSocket handshake: http://xebee.xebia.in/2010/12/30/understanding-websocket-handshake/

Joyent, Inc. (2010). *node.JS*. Abgerufen am 23. 05 2011 von noe.JS: http://nodejs.org/

jWebSocket Community Project, Gründer: Alex Schulze. (2010). *jWebSocket*. Abgerufen am 22. 05 2011 von jWebSocket: http://jwebsocket.org/

Kaazing Corporation. (2011). *Kaazing - High Performance Platform for Full-Duplex Web Communication*. Abgerufen am 22. 05 2011 von Index: http://www.kaazing.com/

Kaiser, N. (05. 08 2010). *Weblog, Tagebuch, wahllose Sammlung von Notizen.* Abgerufen am 22. 05 2011 von PHP WebSocket Server: http://siriux.net/2010/08/php-websocket-server/

Lubbers, P. (16. 03 2010). *InfoQ.* Abgerufen am 10. 05 2011 von How HTML5 Web Sockets Interact With Proxy Servers: http://www.infoq.com/articles/Web-Sockets-Proxy-Servers

Lubbers, P., & Greco, F. (11. 03 2010). *SOA World Magazine.* (I. Ulitzer, Produzent, & Ulitzer, Inc.) Abgerufen am 10. 04 2011 von HTML5 Web Sockets: A Quantum Leap in Scalability for the Web: http://soa.sys-con.com/node/1315473

Martyn, P. (09. 12 2010). *Pusher blog.* Abgerufen am 19. 05 2011 von It's not WebSockets it's your broken proxy: http://blog.pusherapp.com/2010/12/9/it-s-not-websockets-it-s-your-broken-proxy

Meinel, C., & Sack, H. (2004). *WWW.* Berlin Heidelberg: Springer Verlag.

Mojolicious. (o.J.). *Mojolicious.* Abgerufen am 22. 05 2011 von Mojolicious: http://mojolicious.org/

Mort Bay Consulting Pty. Ltd. (12. 04 2011). *jetty://.* (M. B. Ltd, Produzent) Abgerufen am 22. 05 2011 von jetty://: http://jetty.codehaus.org/jetty/

Netscape Communications Corporation. (1996). (N. C. Corporation, Produzent) Abgerufen am 03. 05 2011 von INTRODUCING NETSCAPE NAVIGATOR 2.0: http://classic-web.archive.org/web/19961115203505/www27.netscape.com/comprod/products/navigator/version_2.0/index.html

Peter Kröner. (18. 01 2011). *Weblog Peter Kröner.* Abgerufen am 01. 06 2011 von XmlHttpRequest und die Worker API: http://www.peterkroener.de/xmlhttprequest-und-die-worker-api/

Pieters, S. (11. 10 2010). *Opera Core Concerns - Official blog for Core developers at Opera.* Abgerufen am 05. 05 2011 von WebSockets in Opera: http://my.opera.com/core/blog/websockets

Proebster, W. E. (2002). *Rechnernetze: Technik, Protokolle, Systeme, Anwendungen* (2. Ausg.). Wien/München: Oldenbourg Wissenschaftsverlag GmbH.

R. Fieldin, J. G.-L. (01. 06 1999). *World Wide Web Consortium.* Abgerufen am 22. 04 2011 von Hypertext Transfer Protocol -- HTTP/1.1: http://www.w3.org/Protocols/HTTP/1.1/rfc2616.pdf

Rodejohann, C. (2009). *Dynamische Auswahl von HTTP-Interaktionsmechanismen.* Technische Universität Dresden, Fakultät Informatik, Institut für Systemarchitektur. Dresden: Technische Universität.

Roth, G. (26. 04 2010). *Java.net - The Source for Java Technology Collaboration* . Abgerufen am 07. 05 2011 von HTML5 Server-Push Technologies, Part 2: http://today.java.net/article/2010/04/26/html5-server-push-technologies-part-2

Schönwetter, T. (2005). *Zusammenfassung zu "Der Effekt von Scheinbewegung auf sakkadische Augenbewegungen"*. Semesterarbeit, Justus-Liebig-Universität, Fachbereich Psychologie und Sportwissenschaft, Giessen.

Schmidt, L. (2006). *Die Wahrnehmung von Zeit und der Einfluss von Design*. International School of Design. Köln: International School of Design.

Shankland, S. (10. 12 2010). *cnnet News*. Abgerufen am 19. 05 2011 von Web Sockets and the risks of unfinished standards: http://news.cnet.com/8301-30685_3-20025272-264.html

Smith, R. (16. 09 2008). *Ajax World Magazine*. Abgerufen am 05. 05 2011 von The Future of the Web: HTML5 Web Sockets: http://ricsmith.sys-con.com/node/677813

Souders, S. (2009). *Even Faster Web Sites: Performance Best Practices for Web Developers*. Sebastopol: O#Reilly Media, Inc.

The Internet Engineering Task Force. (n.d.). *The Internet Engineering Task Force*. Abgerufen am 06. 05 2011 von The Internet Engineering Task Force: http://www.ietf.org/

W., G. (24. 11 2009). *Webtide: The Java experts behind Jetty*. Abgerufen am 22. 05 2011 von Jetty WebSocket Server: http://blogs.webtide.com/gregw/entry/jetty_websocket_server

Wöhr, H. (2004). *Web-Technologien* (1. Ausg.). Heidelberg: dpunkt.verlag GmbH.

Wenz, C. (2010). *Ajax schnell+kompakt*. Frankfurt: entwickler.press Software & Support Media GmbH.

Wenz, C. (2007). *Programmieren mit ASP.NET AJAX* (1. Ausg.). (L. Schulten, Übers.) Köln: O'Reilly Verlag GmbH & Co. KG.

Wilkins, G. (16. 06 2008). *Comet Daily*. Abgerufen am 28. 04 2011 von The definition of Comet?: http://cometdaily.com/2008/06/16/the-definition-of-comet/